一本书读懂
企业管理与运营

朱正华 郭耀纯 王俊杰 ◎著

ENTERPRISE OPERATION
AND
MANAGEMENT

中华工商联合出版社

图书在版编目（CIP）数据

一本书读懂企业管理与运营 / 朱正华，郭耀纯，王俊杰著. — 北京：中华工商联合出版社，2022.3

ISBN 978-7-5158-3329-3

Ⅰ．①一… Ⅱ．①朱… ②郭… ③王… Ⅲ．①企业经营管理－基本知识 Ⅳ．①F272.3

中国版本图书馆 CIP 数据核字（2022）第 026701 号

一本书读懂企业管理与运营

作　　者：	朱正华　郭耀纯　王俊杰
出 品 人：	李　梁
图书策划：	蓝色畅想
责任编辑：	吴建新　林　立
装帧设计：	胡椒书衣
责任审读：	付德华
责任印制：	迈致红
出版发行：	中华工商联合出版社有限责任公司
印　　刷：	三河市宏盛印务有限公司
版　　次：	2022年4月第1版
印　　次：	2025年2月第6次印刷
开　　本：	710mm×1000mm　1/16
字　　数：	190千字
印　　张：	14
书　　号：	ISBN 978-7-5158-3329-3
定　　价：	56.00元

服务热线：010-58301130-0（前台）

销售热线：010-58302977（网店部）
　　　　　010-58302166（门店部）
　　　　　010-58302837（馆配部、新媒体部）
　　　　　010-58302813（团购部）

地址邮编：北京市西城区西环广场A座
　　　　　19-20层，100044

http://www.chgscbs.cn

投稿热线：010-58302907（总编室）

投稿邮箱：1621239583@qq.com

工商联版图书
版权所有　盗版必究

凡本社图书出现印装质量问题，请与印务部联系。

联系电话：010-58302915

推荐序

首先，感谢本书的第一作者朱正华老师邀请我来为这本书写序。

我拥有20多年的企业管理经验，所在的企业与朱正华老师的团队在质量管理、数据分析和六西格玛管理等方面有过多次合作，在长期的合作中，我们也成了非常好的朋友。

在翻开这本书之前，我本以为这是一本非常专业的工具理论和应用书籍，将会为读者介绍高深的理论、严谨的公式推理和证明。但浏览完目录之后，我就感觉到这本书和我想象的也许不太一样。

等我阅读完这本书之后便发现，在这些章节中没有介绍高深的管理理论和具体工具，更多是对管理系统逻辑的梳理。得益于这几位作者的努力，我十分轻松畅快地读完了这本书。

读完这本书，感触良多。企业的不断壮大需要管理者理清思路，把握好尺度；企业的长足发展需要管理者控制好风险，保障好质量。

基于三方面的原因，我十分迫切地想与大家分享《一本书读懂企业管理与运营》这本书。

首先是全面性。这本书的内容非常全面，涉及企业的发展战略、制度建设、财务控制、企业文化等十个方面。不论是企业的高层管理者还是职能部门的管理者，都应该全面了解公司的运营，否则就是"只见树木，不见森林"，无法全面看问题。

其次是通俗性。这本书的内容通俗易懂，并没有涉及高深的管理理论，而是通过通俗易懂的案例将管理中的重点进行了清晰的阐述。

最后是逻辑性。这本书系统全面、通俗易懂，却又不失逻辑性。作为管理者，最重要的就是要理清逻辑思路，管理者有了清晰的逻辑思路，才能带领企业快速发展壮大。

李伟东

理士国际集团总部质量总经理

前　言

作为企业管理者，都希望企业的规模越做越大，业绩越来越好。然而实际情况是，很多管理者兢兢业业、忙忙碌碌，结果却越管越乱，甚至让企业陷入了困境，于是只能哀叹管理之难，"难于上青天"。

事实也确实如此，很多白手起家的创业者实际上并不懂得管理，他们认为只要生产出好产品占领市场就可以了，至于发展战略、流程制度、文化建设则通通都不在意，甚至完全不了解。他们认为只要管理好员工、事事严管、实时控制，确保所有人积极努力地工作，不犯错、不偷懒就可以了。殊不知，机械式的管理，也累积了众多问题，一步步让企业陷入了危机。他们还认为只要自己的产品畅销，消费者的购买热情高，那么企业就可以获得巨大的收益。结果，因为不懂得成本控制和营销策略，也没有把控好财务与危机管理，促使企业表面上盈利，实际上问题很多。更有管理者只重视销量和成本，忽视了质量管控，导致口碑崩塌，企业发展功亏一篑。

那么，如何才能管理好企业，促使企业实现良好的发展呢？

《一本书读懂企业管理与运营》分别从战略决策、制度建设、财务管理、团队建设、营销策略、质量管理等十个方面进行了详细阐述，目的就是让读者由浅入深地学会企业的管理与运营，让管理变得科学与高效，帮助企业良性发展，创造更多的业绩。

通过阅读本书，大家就会发现，管理并不难，只要读者能够掌握书中提到的那些必须具备的能力，在提高管理水平的同时提高个人能力，就可以管理好企业，同时，让自己成为一名合格甚至出色的管理者。

但是，读者需要明白，管理无小事，管理者必须掌握多方面的能力，要有卓越的战略眼光、懂财务、善沟通、能营销，并且能建立行之有效的、科学合理的规章制度、良好的企业文化，这样才能让企业的发展更进一步。

目　录

第一章　预见未来——好的企业必定有优秀的发展战略

　　1　谁拥有卓越的战略眼光，谁就能走得更远 \2

　　2　市场的导向，就是战略的方向 \4

　　3　大企业大战略，小企业小战略 \6

　　4　发展战略，应该与时俱进 \9

　　5　敏锐捕捉机会，制订企业发展战略 \11

　　6　战略制订，必须以核心竞争力为依托 \15

　　7　正确的目标，才能带来正确的发展战略 \17

第二章　赢在制度——制度才是管理制胜之道

　　1　用制度来管理，而不是用人情来管理 \22

　　2　一流的企业，必须要有一流的制度 \25

　　3　制度之下，从来没有特例 \28

　　4　制度要有效，威慑力不可少 \31

5　不执行，制度就形同虚设 \34

6　按制度办事，不等于冷酷无情 \38

7　给予员工一定自由，别让他们被制度捆死 \41

8　处罚的度，必须要宽严适中 \43

第三章　财务管理——其实都落脚在一个"钱"字上

1　管理者不懂财务，是很可怕的事 \48

2　看懂财务报表，并不是难题 \50

3　预算：有多少钱办多少事 \53

4　管理好现金流，企业才能越来越有钱 \56

5　财务出漏洞，企业出问题 \59

6　财务管理，懂得税务管理也很重要 \62

第四章　构建团队——有一流的团队，才有一流的企业

1　带团队，关键是带人心 \66

2　好的管理者，都是带头者 \68

3　化解冲突，把员工都拧到一起 \71

4　让竞争激发团队的最大活力 \76

5　合理搭配，优化团队中的 1+1 > 2 法则 \79

6　会授权，是管好团队的关键 \82

7　管理者会奖励，员工就会更卖力 \85

第五章　管理就是沟通——没有有效的沟通，就没有所谓的有效管理

1　有效沟通，80% 都来源于倾听 \90

2　赞美，是对员工最大的激励 \93

3　高明的批评，能屏蔽所有负面情绪 \95

　　4　向下沟通，请忘了自己的领导者身份 \98

　　5　耐心＋用心，打开员工的心结 \101

　　6　把员工的意见当作是大事 \105

　　7　巧用方法，管理好"个性强"的员工 \108

第六章　决战市场——只能"成败论英雄"

　　1　懂营销，企业发展才有未来 \114

　　2　营销的核心，需要聚焦在精准的市场上 \117

　　3　奇妙的包装，让你的产品"发光" \121

　　4　打破"酒香不怕巷子深"的定律 \125

　　5　最精明的管理者都把服务当信条 \128

　　6　抓住客户的心，产品就会热起来 \131

　　7　盈利靠业绩，也靠成本控制 \133

第七章　用绩效说话——没有结果，一切都为零

　　1　用结果考核员工，让他们从优秀到卓越 \140

　　2　绩效管理，必须有科学合理的标准 \142

　　3　看得见的考核，看得见的业绩 \146

　　4　考核的是员工，考验的是管理者 \148

　　5　有效激励，员工自然能取得更好的业绩 \151

　　6　重点是结果，而不是过程 \154

第八章　建设好企业文化——群体才有强大的战斗力和凝聚力

　　1　建设好企业文化，形成强大的凝聚力 \158

2 核心价值观不只是一句空话 \161

3 企业文化是"软约束",更是一把利刃 \165

4 良好的愿景,能够把所有员工凝聚起来 \168

5 把感恩融入企业文化中 \172

6 激发向心力,让团队的力量最大化 \175

第九章 危机管理——没有危机意识,就是最大的危机

1 没有危机意识,只能算"半个管理者" \180

2 危机到来,第一时间做出决策就是最好决策 \183

3 临危不乱,才能在危机中求生存 \186

4 "突围"思维——找到突破口,跳出乱局 \189

5 外援是捷径,内强才是王道 \191

6 危机当头,管理者理应站在最前端 \194

7 既然退无可退,那就全力一搏 \196

第十章 质量管理——基业长青,必须质量先行

1 质量是企业生存的基石,也是企业发展的保障 \202

2 质量管理必须关注生产的每个环节 \205

3 质量管理的宣传、认识要到位 \207

4 质量管理必须与质量标准的制订相结合 \209

5 在质量管理中,管理者要有远见 \212

第一章

预见未来
——好的企业必定有优秀的发展战略

  一名出色的企业管理者必须要有战略性眼光，能够站在未来看现在，站在长远的角度上为企业的进一步发展谋篇布局。可以说，只有拥有战略性眼光，企业才能有正确的前进方向，才能有强大的竞争力并且可持续发展。相反，如果企业管理者没有战略性眼光，或制订了不合理的发展战略，那么企业很容易陷入困境或被淘汰。

1 谁拥有卓越的战略眼光，谁就能走得更远

现代社会竞争激烈，企业间的竞争更是异常残酷，可以说稍有不慎，企业就可能面临被淘汰的危险。所以说，企业管理者必须看得远一些，远一些，再远一些。这就如同开车一样，只有打开远光灯，才能为企业的前进与发展照亮道路，才能走得更远、更稳。

如何看得更远？很简单，管理者必须要有战略性眼光，站在未来看现在，站在长远的角度上为企业的进一步发展谋篇布局。战略性眼光包括洞察力、判断力和思维力。

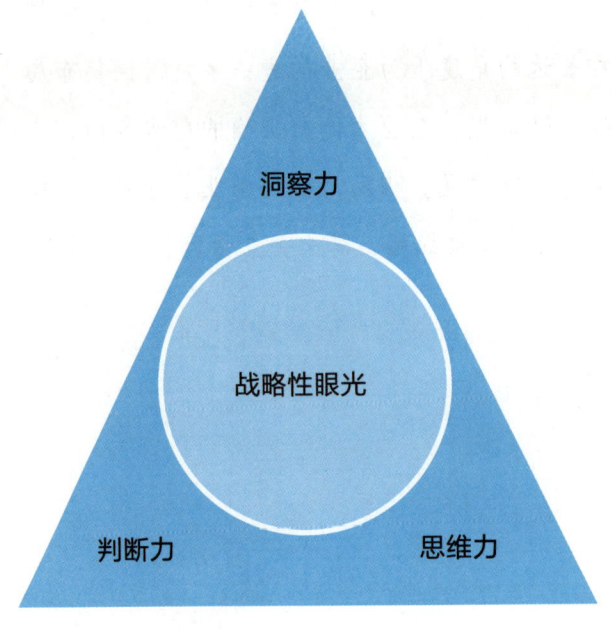

图 1-1　战略性眼光包含的因素

有了战略性眼光，企业就有了正确的前进方向，就能够获得强大的竞争力并且能够可持续发展。如果管理者没有战略性眼光，或制订了不合理的发展战略，那么企业就很可能陷入困境或被淘汰。

刘强是一家印刷厂的创始人兼管理者，他曾经是一家著名印刷企业的技术主任，具有丰富的技术和管理经验，于是雄心勃勃地开始了自己的创业之路。

因为有闯劲，有人脉，企业很快走上了正轨，在行业内也站稳了脚跟。这家印刷厂有好几家稳定客户，包括当地几家销量可观的报纸和杂志，所以企业发展很稳定，收益也相当不错。

以前的报纸印刷，主要采用的是黑白印刷技术，使用的是较为普通的印刷设备。这种设备稳定性很好，操作也很简单，工人只要经过简单的培训，很快就能上手。刘强又是印刷方面的专家，所以对于企业的发展很有信心，他认为只要有了稳定的客户，那么企业发展就不会有问题。

可是好景不长，两年过后，企业发展就遇到了瓶颈。首先就是技术的落后。随着经济的发展，简单的黑白报纸早已无法满足广大读者多元化的需求。为此，各大报社为了吸引读者，纷纷要求彩版印刷，并且对于印刷质量的要求也变得苛刻起来。这样一来，刘强的印刷厂就有了很大的压力——必须更新印刷技术，淘汰旧设备，引进新设备。

于是，刘强立即向银行贷款，引进了一批先进的印刷机，还对员工进行了技术培训。一切似乎都在朝着好的方向发展。但是，更大的问题出现了，因为新设备的精度很高，不仅要求操作人员掌握印刷机械知识，还要精通版面设计，而且要对色彩和版式有一定的了解。然而，刘强厂里的员工普遍文化水平较低，只接触过简单的印刷机，所以尽管经过了技术培训，在实际操作时还是常常手忙脚乱、错漏百出。

到底该怎么办呢？无奈之下，刘强只好高薪聘请了一些印刷技术人员，以解自己的燃眉之急。经过一番努力，刘强的印刷厂才慢慢地走上了正轨，也保住了几家大客户。虽然付出了代价，刘强有一些心痛，但他也只能安慰自己：万幸，企业保住了。同时，他也开始反思自己，为什么发展稳定的企业，会遇到这样的窘境呢？就是因为自己没有长远的战略性眼光，从来没有考虑过企业未来应该向哪个方向发展、应该怎样去发展等问题。

是的。刘强的企业之所以遇到巨大的危机，根源就是因为他缺乏战略性眼光。因为看得不够远，考虑得不够多，只盯着眼前的利益，所以使得企业前进的道路充满坎坷。因为没有做好战略规划，缺乏洞察力、判断力和思维力，所以使企业无法迎接市场的巨大变化。尽管刘强是一位勤劳的管理者，但绝不是一名优秀的管理者。

孔子曾经说过："人无远虑，必有近忧。"这句话告诉我们，一个人如果没有长远的打算，就一定会有忧患到来。而一名企业的管理者如果没有卓越的战略性眼光，那么就很难让企业在这个时代屹立于竞争激烈的商业之林。因此，想要企业走得更远，在正确的轨道上快速发展，那就培养战略性眼光吧！

❷ 市场的导向，就是战略的方向

企业要经营，战略要先行。但是，管理者还需要了解一点，战略的制订必须基于市场，否则再完美的战略也不过是空中楼阁、镜花水月。正如荣多达总裁陈荣珍所说："共同拥有一个太阳，但大家感受到的温暖却各不一样。谁自身状况调整得好，谁就接受得更多。"只有以市场为导向，明确知道哪些机会可以发掘和利用，制订出合理、正确的战略，企业才能真正发展壮大。

换句话说，一个成熟的企业战略必然会将顾客需求、竞争对手产品及自身的产品有机联合起来，介入市场、考察市场，明白市场的需求，只有这样，企业的产品才不会出现盲点，才能确保自己在市场中占据一席之地。

上海广电信息产业股份有限公司（后文简称"上广电"），之所以能成为中国电子信息行业中的佼佼者，就是因为以市场为导向，制订了明确、正确的企业发展战略——开拓和发展海外市场。

在战略方向的引导下，上广电自从建立之初就不断地开拓海外市场。经过深入地调查市场，管理者发现美国市场需求非常大，于是决定把进军美国市场当作最为重要的战略目标，经过不懈的努力，短短几年就占据了美国市场大约60%的份额，远远超过在其他国家和地区的总和。

那么，为什么上广电的产品能迅速地进入美国市场，并取得如此骄人的成绩呢？原因很简单。

首先，管理者没有直接进驻全球最大的零售商沃尔玛。因为沃尔玛从来都是通过"独家买断"的方式来买断供货商的产品，那些刚刚进入市场的供货商根本没有话语权，更不可能拿到议价权，自然也就无法了解消费者的喜好与需求。所以，上广电选择直接与分销商合作，获得促销和服务上的支持，进而促进本土化战略的进一步实施。

其次，管理者在进行市场定位时，采用了谨慎保守的态度，刻意避开了低端市场，把重心放在高端产品上，比如离子显示器、TFT液晶显示器等。避免了低端市场的高竞争和低利润，让美国消费者感受到了产品的高品质、高价值，自然也就轻松地打开了市场。

最后，为了更好地适应美国市场，管理者还建立了一个"本土化"的管理团队和营销团队，大量聘用美国人作为企业的管理人员。就是因为如此，企业才能快速地克服"水土不服"的问题，实现进入及适应美国市场的目标。

由此我们可以看出，上广电的成功不是偶然的，根源在于管理者以市场为导向，做出了进军美国市场的战略决策，同时又根据市场状况，调整了销售经营战略。

在企业界有这样的信条："什么都可以出错，战略不能出错；什么都可以失败，战略不能失败。"然而，一些管理者不注重战略的制订，或者干脆随便制订一项简陋的战略，根本没有介入市场，更没有深入地考察过市场。不以市场为导向，就无法了解市场的需求。不明白市场的需求，企业所生产的产品自然也无法销售出去，最后的结果就是在短时间内被市场淘汰。

所以，对于一名管理者来说，为企业制订战略虽然不是日常课程，但却是重点课程。好的战略不需要很多，一段时期内有一项就足够了。但是，这一项战略却无比重要。管理者应该做到谋定而后动，有战略性眼光，同时更要观察市场、了解市场、对市场未来趋势做出正确的判断，并且根据企业的实际情况来制订合理的发展战略。

换句话说，管理者在制订企业战略时，应该以市场需求为原则。但是我们需要注意一点，企业战略并不是一成不变的，也不是盲目变化的，只有准确把握市场的发展脉络和方向，制订出符合市场需求和未来趋势的正确决策，企业才能在激烈的市场竞争中立于不败之地。

❸ 大企业大战略，小企业小战略

微软、苹果、华为以及阿里巴巴，这些大企业都有各自成熟的发展战略。那么，一家新兴的企业是否可以借鉴这些企业的发展战略呢？在这里，我们需要强调的是，可以借鉴，但是绝不能一味地模仿和跟随。

因为每家企业的战略都是根据市场、自身情况来制订的，不一定适用于其他企业。就算是同一行业、同一类型的企业，所需要采取的发展战略也是不同的。更何况大企业需要大战略，小企业需要小战略，如果小企业盲目地、夸张地"画"出大战略，很可能导致决策上和经营上的失误。

走适合自己的道路，制订契合自身情况的发展战略，这才是企业能够成功的秘诀。如果不考虑自身情况，跟随别人的发展模式，照搬别人的发展战略，那么就只有死路一条。正如大象可以轻易跨过河流，成功到达对岸；而蚂蚁如果也跟着大象走进河流中，就只能被河水冲走。

有一家新创立的生产手机的公司，名叫百分千，经营时间并不长就销声匿迹了。其实，这家公司原本很有潜力，管理者也有魄力和野心。那么，为什么它没能做大做强呢？

因为管理者在战略的制订上犯了一个致命的错误——想做小米第二。我们都知道，小米最开始采用了饥饿营销的模式。这种模式非常成功，让它在短短两年内，从一家名不见经传的小公司一跃成为炙手可热的大公司。这位管理者看到小米取得了这样的成绩，心想："既然雷军可以成功，那么我一定也可以成功。"于是，他照搬了这种饥饿营销的模式，还原原本本地照搬了小米的发展模式，包括管理模式、规章制度、营销方式甚至是企业文化。

管理者真的把自己的企业当作第二个小米来管理经营，以小米的战略为战略。那么，结果如何呢？他不仅没有取得成功，反而陷入空前的危机之中。百分千的手机根本没有销售出去，仓库中积压了大量的存货。没有市场，资金链很快就断了；资金链断了之后，企业也随之销声匿迹。

更令人惋惜的是，直到最后这位管理者还在苦恼："为什么沿用了这样成功的发展战略，我却没有成功呢？"其实原因并不难找到，小米的发展战略是根据市场、自身实际情况而制订的。在小米采用饥饿营销之前，专业的营销团队已经深入市场调查，了解了年轻消费者的喜好，同时，专业的研发团队也根据消费者的需求研发了卓越的操作系统。就是因为小米有优越的产品，有超前的思维模式，也有独特的发展战略，才有了它独一无二的成功。而百分千的管理者呢？没有正确的眼光和思维，没有合理的立足点，也没有持续地建立属于自己的特色与优势，又何谈成功呢？

每家企业都有自己的管理模式和独特的发展轨迹，所以管理者应该真正地思考企业适合走什么样的道路，实现什么样的目标，而不是一味地把大企业的战略作为自己的战略。就算这个战略再完美，应用在自己的企业上，也无法达到同样的效果。

李嘉诚曾经说过这样一段话："企业的战略，原则上是借鉴西方企业的战略，但是我对他们的战略要进行改进，我在其中加入了中国文化和哲学。在西方国家的企业文化中，如果一年做得不好，CEO就应该打好包袱，立刻回家。但是我会去看，去分析，比如一个行业，这个行业本身不景气，大家都在亏损，同行们亏损了90%，我们只亏损了60%，这个CEO我非但不会炒掉他，反而要奖励他。别人亏损了这么多，你亏损了这么少，说明你是有真才实干的。但是假如有一个行业，别人赚了100块钱，我们只赚了80块钱，那么我就会问：为什么别人赚了这么多，你赚得这么少？虽然你也在盈利，但我还是要责备你，让你好好总结经验教训。"不能一味地模仿其他企业的战略模式，而是不断地探索更适合自己的发展战略，这才是李嘉诚成功的最大秘诀。

所以，企业管理者请记住这句话：大企业有大战略，小企业有小战略，用独立的思维、超人一等的眼光，规划好企业的未来，并确定自己的核心竞争力，那么就可以让自己的企业在正确的战略决策指引下实现长期发展。

④ 发展战略，应该与时俱进

优秀的战略可以让企业向着更高的目标冲刺，可以让企业以最高的效率披荆斩棘。可是，管理者也要明白，战略制订之后，并不能一劳永逸。企业是发展的，所以企业的战略也应该是发展的。

优秀的企业战略就如盛开的鲜花，再美的鲜花也只能在一定花期内盛放，过期就凋谢了。作为企业管理者，应该用发展的思维看问题，根据时代的发展和市场的变化，及时进行战略调整，用最符合当前市场形势和未来发展趋势的战略带动企业发展。如果只注重战略的优秀，看不到时代的变化和发展规律，那么战略就会变得落后，成为掣肘企业发展的障碍，促使企业的发展变得缓慢，甚至面临被淘汰的危险。

事实上，在市场竞争越来越激烈的今天，每天都上演着"兴衰成败"的大戏，就连曾经叱咤风云的大企业也因为没有与时俱进地调整企业的发展战略，成为倒下的那一个。没错，这家大企业就是巨人集团。

巨人集团是由史玉柱创办的网络科技公司，当他创办这家企业时，声称"巨人要成为中国的IBM，东方的巨人"。史玉柱很有魄力，也很有才华，短时间内就让巨人集团得到了飞速发展，成为当时最有影响力的企业之一。然而，仅仅六年，巨人集团就全面萎缩，最终轰然倒塌。

我们不得不承认，巨人集团破产的原因有很多，包括企业内部管理混乱、史玉柱的"冒进",等等。但是最重要的因素就是战略的失误——史玉柱不能与时俱进,没能根据市场的发展趋势调整企业的发展战略。

依靠开发电脑软件,巨人集团曾经创造出了年发展速度达到500%的奇迹,并使巨人集团成为珠海高科技产业的样板。然而巨人集团还没有在市场上站稳脚跟,国际著名电脑公司就纷纷进入中国市场,使得中国的电脑业受到了巨大的冲击,随之进入发展的低谷。毫无例外,巨人集团也因此受到了重创。

为了突出重围,史玉柱便提出了摆脱原有单一电脑产业的战略目标,想通过产业多元化为公司打通一条新路。这一战略是合理的,然而他却忽略了重要一点,电脑产业是巨人集团的主要产业,在多元发展的同时,他并未与时俱进调整电脑产业的发展战略,使其仍然保持原有的、保守的发展进程。这也导致了在巨人集团投资房地产失利后,电脑产业也无法撑起巨大的资金漏洞这一现象。

可以说史玉柱是成功的企业家,他的战略构思也无懈可击。但是,他因为没有真正做到与时俱进,没有根据时代和市场的发展来调整战略,所以为公司发展埋下了巨大的隐患,导致庞大的巨人大厦在短时间内倒塌。

企业想要实现长远发展,就必须依靠优秀的发展战略来引导。可以说,企业的战略,直接决定企业在今后很长一段时期内的发展方向,甚至直接影响了企业的成败与生死。正因为如此,管理者在制订和调整发展战略时,要审视现在、着眼未来,保持高度负责的态度,采用与时俱进的战略思维,只有这样才能保持战略决策的正确性。

不管是大企业还是小企业,管理者都应该学会从企业环境及市场环境的实际出发,同时还要用发展的眼光来看待企业的战略战术。百年老字号同仁堂这一点就做得非常好。

同仁堂创建于1669年，从一家小商铺发展成为中药行业闻名遐迩的老字号，再发展成为拥有高知名度、实力雄厚的大企业，就是因为管理者做到了让企业顺应时代需求，根据时代发展和市场需求来调整企业的发展战略。

一直以来，同仁堂都在不断开发新产品，把老一辈传下来的经典药品乌鸡白凤丸、牛黄清心丸、大活络丹、安宫牛黄丸等进行市场化运作，加入市场竞争的行列中。在优化原产品、保持中药产品的巨大优势的同时，还把业务扩展到营养保健品、药膳餐饮、化妆品、医药机械等相关领域中，使得企业得到多元化发展，并获得新的生命力。

随着中药走出中国、走向世界，同仁堂积极拓展海外业务，不断满足国内外患者的需求，最终发展成为一家现代化的跨国企业。

所以说，任何企业发展到一定的程度，会逐渐适应原本的企业战略，而变得难以适应时代的发展。然而，一旦战略调整不及时，企业就会被发展的洪流所淘汰，这是定律。企业想要屹立不倒，先决条件就是保证发展战略的与时俱进。而作为管理者就要学会认真分析、实事求是，密切关注时代发展，根据时代和市场变化制订或调整出最适合企业发展的战略。同仁堂的辉煌，正说明了这一点。

⑤ 敏锐捕捉机会，制订企业发展战略

海尔集团张瑞敏曾经说过："没有思路就没有出路，有了思路就有了出路。"道理很浅显，但是，很多管理者明白其中的道理，却没能找到出路，因

为他们没有敏锐地找到机会。

如何找到机会呢？张瑞敏借助了"三只眼"：第一只眼睛盯企业内部员工，使企业内部员工满意最大化；第二只眼睛盯企业外部市场，盯住用户，使用户满意最大化；第三只眼睛盯企业外部机遇。正是因为张瑞敏具有敏锐的洞察力，并且不断发掘可以利用的机会，并以此作为契机，为企业制订合理的战略，所以海尔才能屹立于商业之林。

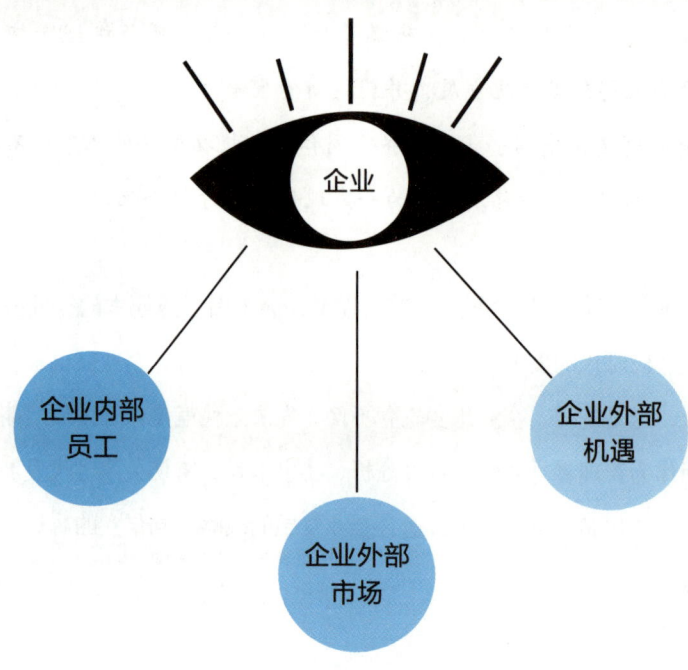

图1-2　企业的"三只眼"

也就是说，一名优秀的管理者，要明确战略的重要性，同时必须善于寻找制订新战略的机会。当然，这需要敏锐的眼光，更需要强有力的魄力。

任正非一直强调"企业发展要有足够的战略耐性，要耐得住寂寞"，华为不急于将新技术过快地推向市场，而是耐心地等待机会、发现机会，最后实现后发制人。华为一直关注客户的需求，"就像一只猫，弓缩着身子，直到市场机会成熟。"

在早期，华为经历了不少困境，还面临着破产的危险，因为任正非一次次把大量资金和精力都投入到研发上。1993年，因为一次研发，华为进行了一次冒险——将所有资金都投入到研发交换机上。因为他看到了交换机的市场前景，然而不幸的是，华为的交换机进入市场之前，更先进的设备就出现了，使得交换机根本没有市场。

任正非没有放弃，为了研发下一个产品万门机，不得不去银行贷款，结果贷款也没有拿到。任正非对员工说道："谁如果能够为华为带来1000万元的融资，那么这个人就可以一年不用上班，薪水照常发放。"

后来，他借来了钱，却又全部投入到研发中。这一次，可以说是孤注一掷。如果失败了，华为就失去了生存的机会。接下来，任正非一边带领团队寻找客户，扩展销售渠道，一边请专家优化产品性能。最后，万门机问世了，销量迅速上升，华为最终站稳了脚跟。

刚站稳脚跟，华为就遇到了中兴。小灵通的畅销，给华为带来了前所未有的压力。人们以为华为也会生产研发小灵通，但是任正非却看中了3G技术，把全部精力都投入到了3G的研发上，即使企业接下来连续三年没有盈利，他也没有放弃。在工信部迟迟未向华为颁发3G商用牌照的情况下，他又果断决定把产品销到国外市场，不仅让企业重新活了过来，还打开了国际市场。事实证明，任正非的预测是正确的。小灵通很快就退出市场，而华为也拿到了3G牌照，成为全球最大的通信设备生产商之一。

可以说，华为的国际化战略，充分体现了任正非的敏锐眼光和超出常人的魄力。当时，华为的产品尤其是交换机，在国内市场已经占据主导地位，即将迎来增长的天花板。但是，整个行业的发展却遭遇了瓶颈——市场已经饱和，企业想要有更好的发展，必须寻求新的突破。更为重要的是，中等发达国家大力发展经济，创办了一些大型厂商，亚非拉地区对于信息化的需求也日益扩大，国际市场前景非常好。正因为任正非眼光敏锐，抓住了最佳的战略机遇期，所以带领华为取得了令人瞩目的成就。

同时，华为光网络的发展也上演了一出"弯道超车"的好戏。当时光网络得到了快速发展，而朗讯和北电也率先抓住了这一机会，抢占了光通信产品的制高点，华为则处于落后阶段，只能紧跟其后。这个时候，任正非并没有放弃，而是定下了战略目标：五年内，华为要做到该领域的全球前五名。

其实早在2001年，友商就已经开始研发40G技术，到2008年，相干系统已经非常先进。但是，华为却做出了另一个大胆的判断，认为当时相干技术在40G上的应用还存在很多问题，即在性能上相干技术比模拟技术强，但是从成本、发展趋势以及产品链的成熟度来看，模拟技术有着更好的成本优势和利润空间，所以华为选择了后者。

通过不断的探索与创新，华为研发了40G eDQPSK技术，并且作为市场上唯一使用该技术的公司，迅速占领了除美国外的所有市场，实现了完美的"弯道超车"。

著名剧作家萧伯纳曾经说过："人们总是把自己的现状归咎于运气，而我不相信运气。我认为，凡出人头地的人，都是自己主动去寻找能够实现自己目标的运气；如果找不到，他们就自己去创造运气。"这里的运气，其实就是我们所说的机会！

一家企业的成功要靠机会，但是机会不会凭空而来，这就要求管理者要善于捕捉机会，发现和寻找最佳机会，并据此制订出适合企业发展的战略。那些或潜藏或显露的机会，是制订战略的根本。仔细寻找，它一直都在，就在我们的身边，就在客户的需求中以及市场的动态中。

⑥ 战略制订，必须以核心竞争力为依托

有一家机构曾经做过一项调查，结果显示82.6%的企业在创业不到20年内就被淘汰了，只有2%的企业能够在50年内屹立不倒，能在百年内屹立不倒的更是屈指可数。最重要的原因就是那些企业在制订战略时没有做到以核心竞争力为依托。

核心竞争力，就是企业在某一段时间内独自拥有的技术、人才、资源等优势。企业想要有长远的发展，就必须拥有自己的核心竞争力，具有竞争对手没有或不足以与自己抗衡的优势。比如，苹果手机之所以在手机市场中立于不败之地，就是因为iOS系统是它的核心竞争力。沃尔玛的核心竞争力就在于低价，所以凭借这个核心竞争力，它能成为全球最大的零售商。更为重要的是，这两家企业都是以自己的核心竞争力为依托，来制订自己的发展战略。

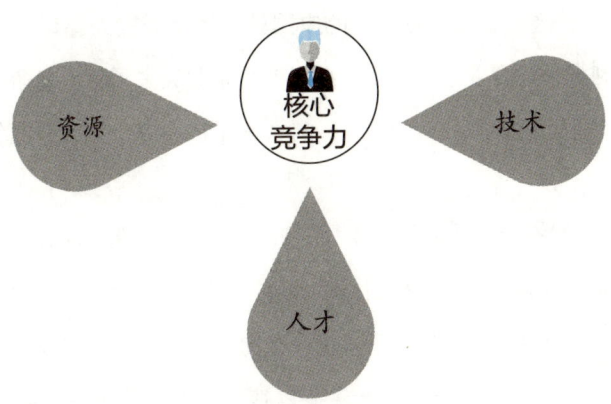

图1-3 核心竞争力：技术、人才、资源

然而，很多企业管理者在制订发展战略时，往往忽视了核心竞争力，只是先分析自己能做什么，再确定资金是否充足，甚至是盲目地制订所谓的发展战略。结果企业发展偏离了轨道，核心竞争力没有得到充分发挥，导致企业在激烈的竞争中不得不面临被淘汰的命运。

有一家服装企业，自从成立之初就专注于精品服装的生产，致力于为客户量身定制高档的服饰。这一核心竞争力让它在制衣领域脱颖而出，得到了稳定的客户资源和市场地位。

然而，随着企业的发展壮大，尤其是看到生产大众服装的企业获得丰厚利润之后，管理者的心态也开始变得浮躁了，随之转变了企业的经营模式，改为生产大众服装。企业规模扩大了，利润也提高了，但是很快问题也来了。因为旗下品牌在大众服装上并没有突出的优势，消费者并不认可他们的服装，这导致了产品的滞销与大量积压。产品的积压，自然也就导致了资金链的断裂。而资金链的断裂，也注定了企业的破产。

同时，低价入市，也使企业的品牌形象受到了极大的冲击，使得原本稳定的客户资源快速流失。消费者对产品不再信任或认可，那么即使企业再转变回原来的经验模式，也无法挽回败局了。

显而易见，这家服装企业破产的原因就是战略调整的错误，管理者一心追求较高的利润，对企业进行转型，结果使得企业失去了核心竞争力。核心竞争力，就是企业无法被替代的能力，一旦失去了核心竞争力，企业怎么可能生存下去呢？

事实上，这家企业原本很有潜力，如果继续专注精品服饰和私人定制，一定能在行业内大放异彩并且得到持续的发展。可是，管理者竟然放弃自己的核心竞争力，打算以己之短抢占市场，这样的做法，又怎么会成功呢？

所以，企业在制订战略时，一定要以核心竞争力为依托，眼光放长远一些。这就要求企业管理者必须要明白自己的核心竞争力所在，懂得用自己的长项来攻占市场，而不是随心所欲，想到什么就做什么，或被眼前的利益所蒙蔽，盲目地跟随别人。试想，如果苹果手机放弃了自身系统的巨大优势，在所谓的功能、性价比上下功夫，调整企业的发展战略；或沃尔玛放弃低价的核心竞争力，转而向高端市场进军，结果会怎样呢？不管他们有着怎样辉煌的过去，也很难继续发展，甚至可能会倒下。

当然，企业的核心竞争力并非一成不变，一家企业以往的核心竞争力是价格，经过技术创新之后，核心竞争力变成了某一项新技术，那么管理者就应该及时根据核心竞争力的变化来调整企业的战略。只有根据自己的核心竞争力来制订战略，来对企业进行转型，企业发展才能越来越顺利，并得到高速且稳定的发展。

❼ 正确的目标，才能带来正确的发展战略

有人说："没有目标的行动只能是一种梦想，没有目标的行动只能是一场苦役。"对个人来说如此，对企业来说更是如此。对于任何企业来说，没有目标的未来，就等于没有方向的征途。在这种情况下，再完美的发展战略，也只不过是一句空话。

作为管理者，需要确定一个远大而又正确的目标，再以这个目标为灯塔，在既定的道路上展开战略经营活动。简单来说，就是无论制订什么样的战略，都必须先确定远大而正确的目标，再围绕这个目标进行战略的制订与调整。

可惜的是，很多企业管理者有智慧、有管理技巧，也有一定的魄力与胆

量。然而，这些人的脑海中却没有明确的目标，正因为如此，他们的经营缺乏明确的指引，他们的发展战略也不切实际，进而导致企业只能在市场中横冲直撞，不仅浪费了时间和精力，还使企业陷入了重重危机中。

因此，无论经营小企业还是管理大企业，目光都应该长远而坚定，确定明确合理的目标，带领所有员工朝着相同的方向不断地前进与拼搏。只有这样，你才能成为出色的管理者，而企业才能成为成功的典范。

三星是韩国乃至世界上都赫赫有名的跨国企业集团，涉及众多产业领域，比如电子、金融、机械、化学等。在三星成立之初，创始人李秉喆就提出了"我坚信，我们完全可以成为世界公认的领导者之一"的理念，并且向每一位三星员工宣讲。从此之后，三星所制订的战略都是围绕着这一目标，管理者和所有员工所做的努力，也都是为了实现这一目标。就这样，三星很快得到了发展，并且渐渐成为韩国国内乃至全世界都有极大影响力的企业。

创始人李秉哲去世之后，他的儿子李健熙成为企业的新领导人，他没有躺在父亲的功劳簿上停滞不前，而是积极寻求企业的突破和发展。于是，他提出了"二次创业"的理念，并且以"到2005年，争取数字电视、IMT2000和打印机等成为世界第一的产品，力争使多种产品达到全球市场占有率第一"作为奋斗目标。李健熙为达成目标而积极向上，围绕着这个目标进行了企业发展战略的适当调整，持续满足相关消费群体的需求，持续进行研发与创新，最后促使三星提前一年实现了这个目标，使得企业近20种产品在全球市场占有率都高居第一的位置。

面对如此优异的成绩，李健熙没有沾沾自喜，反而保持足够的清醒，他又提出了一个新的目标，即在2006年赶超日立、西部数据等大型企业。围绕着这个目标，他开始着力于扩大品牌的影响力，不仅提出了"Wow（惊叹）、Simple（简单）和Inclusive（亲和力）"的品牌理念，还在全球范围进行大规模的品牌推广活动。就这样,一个个正确的目标,为三星带来一个个正确的发展战略,进而让它成为全球第一大手机生产商、韩国最大的跨国企业集团。

战略与目标是相辅相成的。任何企业的成功,都是从一个正确的目标开始。而一个正确的目标,自然也会带来正确的发展战略,从而带领企业走向成功。所以,管理者要有头脑,还要有激情、活力,要懂得管理技巧,更要有明确的目标。确定了明确的目标,并在目标的牵引下制订出优秀的战略,最后使所有的活动都在战略的基础上展开。

当然,这看似很简单,实际上并不容易做到,否则怎么会有那么多管理者都失败了呢。我们需要如何去做?首先,目标的确定要长远,要有一定的挑战性,这样能够激发所有员工的激情和拼搏精神;其次,一定要切实可行,具有科学性和合理性;最后,一定不能定得太高,要符合企业发展的现实。

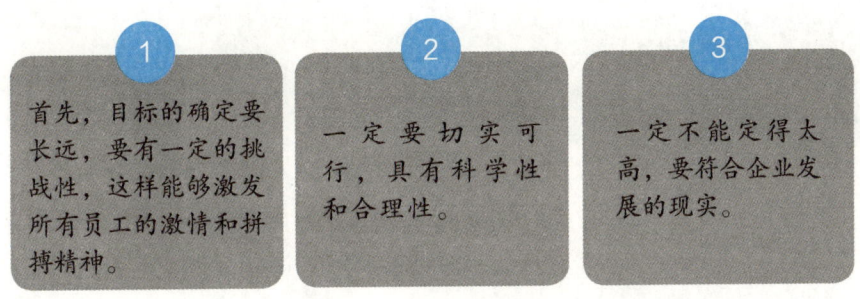

图1-4 如何制订优秀的战略

因此,当我们带领团队,以战略为基准,时刻紧盯企业需要,实现终极目标的时候,企业也将迈向美好的未来。

第二章

赢在制度
——制度才是管理制胜之道

"没有规矩，不成方圆。"制度，是管理的制胜之道，在企业管理中具有极为重要的作用。制度是企业生存的基础，所以管理者要制订完善、科学、合理的规章制度，并严格按照规章制度办事，让制度约束企业员工的行为，促进员工更好地完成工作。只有这样，企业才能走上健康、有序的发展轨道，并实现持续高效的发展。

❶ 用制度来管理，而不是用人情来管理

《商君书》中有这样一段话："凡将立国，制度不可不察也，治法不可不慎也，国务不可不谨也，事本不可不抟也。制度时，则国俗可化，而民从制；治法明，则官无邪；国务壹，则民应用；事本抟，则民喜农而乐战。"意思是说，凡是建立国家，制度必须明确，政策法令必须慎重研究，政务必须谨慎处理，这是治理国家的根本。由此可见，制度对于一个国家来说是至关重要的，它是管理国家的最好方式。当然，对于企业来说也是如此。

企业是由人构成的，制度就是管理者管理员工、提高企业效率的最有利的武器。只有制订完善的规章制定，并且严格地按照制度来执行，才能真正有效地管理好企业。不妨看看那些成功的企业，它们都是用严谨的制度来规范、约束，以及指导员工，保证员工在制度的范围内保持最大的自由、发挥最大的能力。

然而，在一些企业中，面对员工的违纪行为或所犯的错误，管理者认为如果严格按照制度办事，可能会引起员工的反弹，打消员工的工作积极性。而员工则认为，"我只是偶然犯错，就不能网开一面吗？"或"我没有功劳还有苦劳呢，你这样不近人情，我还怎么拼命为你工作！"

于是，制度与人情的矛盾就凸显出来了。随着管理者及员工越来越注重人情，企业的制度也越来越缺少约束力，管理也越来越混乱，导致企业发展严重受阻。

第二章　赢在制度——制度才是管理制胜之道

何迈是一家进出口贸易公司的老板，他制订了严格的公司制度，包括考勤制度、绩效考核制度和员工行为准则，等等。其中一条是员工上下班必须准时打卡，如果迟到、早退或漏打卡则扣20元钱，超过三次则扣除当月奖金。

之前员工都严格按照制度办事，迟到、早退的人不多，偶然迟到的人也是按照制度扣钱，员工没有一丝怨言。可最近几个月，情况发生了很大变化，员工变得懒散了，工作积极性不高，还满是抱怨和意见。根源就是何迈因为人情而放弃了执行公司的制度。

事情是这样的，何迈有一个非常要好的哥们儿，两人是大学同学，之后又在同一个城市打拼，几乎不分你我。这个好哥们儿有一个表弟，刚大学毕业，名叫李威。好哥们儿请何迈帮忙为李威在公司安排了一个职位。可是，作为刚走出大学校门的年轻人，李威和很多上班族一样，每天总是要拖到最后一分钟才起床。因为距离公司较远，高峰期又很难挤上公共汽车，所以李威多次上班迟到。

上班的第一个月，李威就迟到了五六次，远远超过了公司制度所规定的三次，所以就面临着被扣除奖金的后果。李威也知道自己犯了错，但是他认为老板既然和自己的表哥是哥们儿，就不应该太不近人情。所以，他来到何迈办公室，可怜兮兮地说自己刚毕业不适应，又说自己的钱都不够花……最终，何迈心软了，对他网开一面，但是告诫他下不为例。

谁知李威并未改正，第二个月、第三个月继续多次迟到，还继续卖惨求情。就这样，其他员工都有了意见，被扣奖金时也是满口抱怨，有的员工甚至"攀比"起来。这导致何迈的管理变得困难，团队的积极性和凝聚力也大大降低。

从上面的例子中我们可以看出,因为人情的存在,管理变得极不稳定,也使得企业发展受阻。或许在企业刚起步时,由于员工少、制度不健全,管理者还能够采用人情管理。但是随着企业规模越来越大,员工人数不断增多,以及业务量的增多,管理者就必须采用正规、科学的管理方式,用制度规范和约束员工的行为。而且要根据企业发展的进程,进一步完善规章制度。

当然,并不是说企业中不能存在人情,但是,人情一定是在遵守规章制度的前提下才能存在。所以,企业发展要平衡好制度和人情。

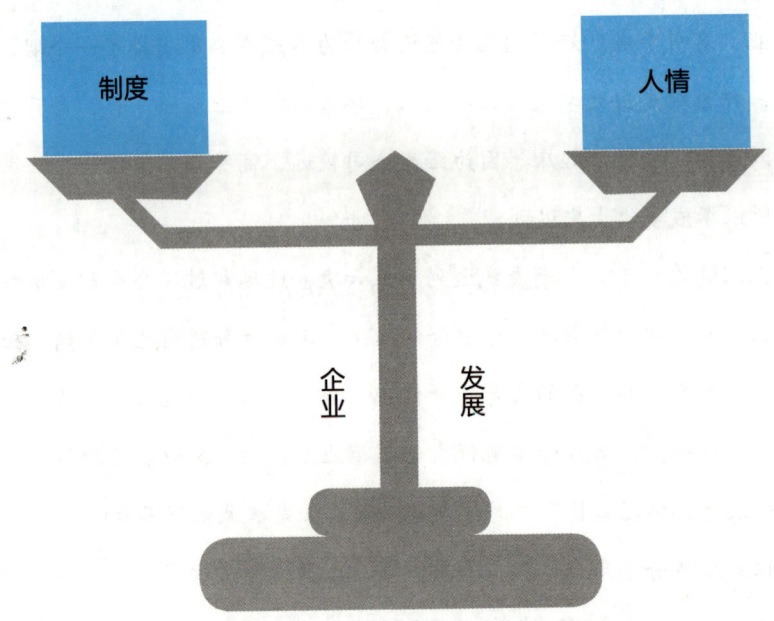

图2-1 企业发展要平衡好制度和人情

划分好制度与人情的关系,不因人情而忽视或违背企业规章制度,把制度作为企业管理的一把尺子，只有这样企业管理才不会偏离方向，企业才能获得持续稳定的发展。

❷ 一流的企业，必须要有一流的制度

在企业管理方面，有一个广为流传的故事。

从前有七个人住在一起，每天分食一大桶粥。为了分粥，他们想出了用抓阄的方法来决定由谁来分粥，谁胜了，谁就来分粥。这看似公平，但是有一个弊端，那就是每个获得"权力"的人都有私心，分粥的时候都会想方设法给自己多分一些。粥本来就不够，有人又多分了，其他人就只能忍饥挨饿。

于是，这七个人放弃了这个办法。他们想出另一个办法，选出一个品德高尚、公正无私的人来分粥。一开始，每个人都得到了均等的粥，但是经过一段时间，事态又朝着不好的方向发展。一些人开始挖空心思去讨好分粥的人，而分粥的人在权力、利益的诱惑下，也变得自私腐败起来。

所以，这个办法也行不通，于是他们继续改变策略，组成三人或四人的评选委员会。但是因为种种原因，七个人总是相互攻击，导致粥总是变凉了才能喝到。所以，这个方法也没能持续很长时间。

最后，有一个人想出一个办法，那就是轮流分粥，但是分粥的人必须等其他人都分到粥之后才能得到自己的那一份。这个方法很不错，每个人为了保证自己不会得到最少的粥，所以在分粥的时候尽量分得平均一些。就这样，七个人终于解决了分粥的问题，和和气气地相处下去了。

其实，这群人就代表了一家企业，而分粥方法则代表了企业的管理制度。显而易见，这家"企业"从没有制度到有了制度，从制度不完善到制度相对完善，"企业"的管理越来越规范，发展前景也越来越好。

这也告诉我们，"没有规矩，不成方圆"。企业有了"规矩"，也能成"方"成"圆"，这里的规矩就是规章制度。对于企业来说，制度规范了，管理才能标准化、精细化、科学化；制度规范了，员工的工作才能按照规矩来完成，才可以实现最高的效率。

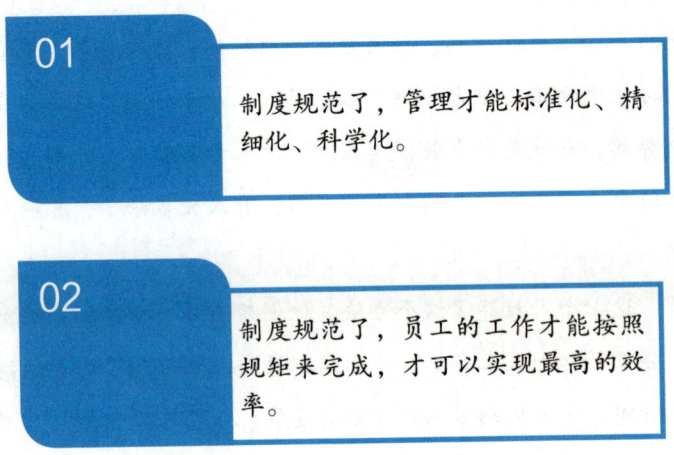

图 2-2　制度规范的作用

同时，企业规章制度是企业管理的重要手段，可以保障企业合理有序地运行。同时，它还能调节企业内部的人际关系、利益关系，将企业内外矛盾降到最低。所以，一流的企业，必须有一流的制度。作为企业管理者，也必须让自己成为制度管理大师。

有一家酒店，发生了这样一件事情。一天，一位年长的女士给酒店打来电话，说要找一缕头发，这缕头发对于她来说非常重要。这位女士的丈夫去世很多年了，为了纪念自己的丈夫，她总是把丈夫的一缕头发带在身边，就连睡觉的时候都会放在枕头下。前不久，她来到当地旅行，在这家酒店住了好几晚。没想到因为着急赶车，离开时忘记带走这缕头发。

这怎么能找到呢？酒店每天都要打扫卫生，这缕头发根本不是贵重物品，而且还那么不起眼，恐怕服务员打扫卫生时就已经扔掉了。但是，管理者还是答应会尽力寻找，结果经过一番努力，他们终于在垃圾箱找到了这缕头发，完好无损地送还给了这位女士。这位女士非常感动，还特意对酒店表示了感谢。

在之后的一段时间里，酒店管理者总是反复地说起这个故事，目的就是炫耀自己的员工很尽责，酒店始终以客户的利益为先。可是，在一次同行业的交流会上，他却遭到了批评，也发现了酒店管理制度的不严谨。

有一位在行业内很有名气的管理者对他说："我们酒店从来不会发生这样的事情。因为我们酒店有一项规定，那就是客人退房以后，服务员如果发现客人遗落的物品，必须好好地保存起来。不管物品是否贵重，就算是一张废纸，也必须完整无缺地保存。我们对于保存期限也有一定的规定，最少三天，最长是一年。这样一来，服务员才不会在无意中扔掉对于客人来说具有纪念意义的物品，才能给客户最满意周到的服务。"

事实上，第一家酒店虽然有较强的服务意识，但是在管理上却没有做到位，没有制订相对严谨、完善的规章制度，以至于扔掉了客人的物品。如果第一位管理者也能像第二位管理者那样，制订更严谨、更完善的制度，那么就不需大费周章再帮客人寻找丢失的物品了。

因此，严谨的制度永远是高效管理的关键，也是企业管理制胜的秘诀。

在战场上，谁能掌握纪律严明的部队，谁就能取胜。同样的，作为企业的管理者需要明白，谁能制订一流的制度，谁就能把企业发展成为一流的企业。

规章制度，就是企业内部的"法律"，就是企业生存的基础。要想管理好企业，管理者就必须重视规章制度。如果企业现有的规章制度不够严谨，那就及时进行调整，制订出更为严谨的规章制度。即使企业现有的制度已经很规范，管理者也需要与时俱进，用发展的眼光来看问题，力求精益求精，使其变得更规范与严谨。

❸ 制度之下，从来没有特例

美国经济学家詹姆斯·托宾曾说过："公正是人类社会发展进步的保证和目标。公正是对人格的尊重，可以使一个人最大限度地释放自己的能量。坚持公正的管理和处世原则，是每一位管理者成功的秘诀，是每个人都要履行的责任和义务！"也就是说，制度关乎整个企业的发展，无论是员工还是管理者，都必须把自己置身于制度之中，让制度成为自己的原则和标杆，而不是成为被排除在外的特例。

在制度之下，如果因为自己是管理者就让自己成为特例，那么就无法真正做到公正、公平，权威与威信也就无从谈起。更为严重的是，员工会不满，会消极地对待工作，甚至对企业失去信任。那么，企业的稳定就很难维持了。

事实上，凡是优秀的企业都有严格、完善的制度，并且每个人都严格地遵守规章制度，不把自己排斥在外。美国杜邦公司就是如此。

1802年，杜邦公司成立，以生产黑火药为主。这是一个风险相当高的产业，很容易发生安全事故，其中最严重的事故发生在1818年，40多名员工因为事故而死亡或受伤，而当时公司只有100多名员工。

在这样重大的打击下，杜邦公司几乎面临破产。为了企业的发展，杜邦公司建立了完善的安全制度，要求安全生产必须由生产管理人员，即总经理、厂长、部门经理来负责；无论是最高决策者还是一线生产工人，都必须积极参与到安全管理中来，而且整个公司所有部门的负责人必须是该部门的安全责任人。

杜邦公司规定，从管理者到员工都必须树立这样的理念：所有的事故都是可以防止的，必须采取一切可能的办法防止、控制事故的发生；在安全生产的过程中，所有的安全隐患都要有计划的投入、治理和控制。更重要的是，杜邦公司规定所有员工都必须遵守安全操作规程，还在合同中明确写明，只要违反安全操作规程，随时都会被解雇。

此外，公司还规定，最高管理层必须亲自进行安全操作，而在管理层操作之前，任何员工都不得进入全新的或重建的工厂之中。之后，杜邦公司继续完善安全制度，并且建立了安全数据统计制度，积极对员工进行安全教育。

正是因为杜邦公司制订了严格、完善的安全制度，并且把每一个人都纳入制度之中，从不允许有任何特例，即对管理者和员工都一视同仁，所以使得企业发展成为"世界上最安全"的公司。根据数据显示，自从杜邦公司制订了安全制度之后，其安全表现比美国平均值高出30~40倍，并且连续多年获得美国最安全公司的荣誉称号。

我们必须看到，杜邦公司的强大是依靠完善的安全制度，而制度的执行则把所有人都纳入其中，促使每一个人都尊重制度、遵守制度。同时，如果违反了制度，管理者也能做到公平、公正地对待。在这种制度下，企业受利，员工受惠。因此，制度的建设关系到每位员工的切身利益，管理者必须让所有员工明白这一道理。只有员工真正明白后，所有人才会积极参与其中，尊重制度、遵守制度。

试想一下，如果制度之下有特例存在，一些身居高位的人没有对制度担起相应的责任，或一些有裙带关系的人可以不遵守制度，那么制度就会被打破。而一旦制度被打破，人们就会怀疑制度的公正性、规范性，慢慢的，制度就会形同虚设，无法维持公司的稳定。

严格执行各项规章制度，是华为成功的保障。从华为走过的历程中，我们不难发现，持续成功唯一的经验，就是"三分靠制度，七分靠执行"。《华为基本法》是规章制度的核心。1995年，华为在市场上崭露头角，有了很好发展。任正非知道，想要把握企业未来，必须编制统一的规章制度和企业文化，于是他邀请中国人民大学的几位教授入驻华为，来完成《华为基本法》的起草和编制。

《华为基本法》一经制订，任正非就表示，企业内部必须严格执行，还要求将《基本法》作为内部管理的准绳。建立规则之初，他广泛征求基层干部意见，希望所有员工都能献计献策，希望它能反映所有员工的共同思想与愿景。而制度形成后，每个人都必须执行，进入华为的员工，无论是硕士还是博士，都必须遵守公司的流程制度和规则；不管是中层管理者还是高层管理者，不执行就要被免职。

任正非本人也要带头严格遵守制度，只要流程规定了，自己也不能违反。他曾经对记者说："我想要一瓶可乐，只有采访的时候，找你们要才行。而我在办公室就不行，因为不符合规定。那我要一瓶怎么办呢？只能自己去买。"他认为所有的权力都应该放入流程中，只有流程才拥有权力。就算管理者或最高领导者也没有权力，企业最高领导者只能拥护规则。

因此，想要成为出色的管理者，我们就必须学会公正地管理，思考如何不让任何一个人成为制度的旁观者，并且尽力做到维护制度的严肃性、权威性，让每个人都自觉地遵守和维护制度，只有这样，企业才能形成强大的向心力和聚合力，从而走向辉煌。

④ 制度要有效，威慑力不可少

管理学中有一个"热炉法则"：红红的炉子不用手去触摸，就知道手会被灼痛；当手碰到火炉时，立即会受伤；每次触摸火炉都会受伤；任何人的手碰到火炉，也必定会受伤。这形象地描述了制度的威慑性，任何人触犯了规章制度都要受到严厉的处罚。正是因为制度特有的威慑力，所以企业中的每个人都不敢轻易去触碰。

反过来也同样如此，想要维护企业的规章制度有效，那么管理者就必须让它成为不可触碰的"热炉"，让每个人都"屈服"于它的威慑力。当然，威慑力并不是凭空产生的，管理者对待制度，必须以身作则，不能带头违反制度。就算是无意中违反了制度，也应该主动接受惩罚，让所有人都明白，制度面前人人平等，不管是老板、管理者还是普通员工，只要违反了制度，就一定要受到惩罚。这也体现了制度的警示性、一致性、公平性三原则。

图 2-3　制度的三原则：警示性、一致性、公平性

无论是大企业还是小企业，制度的威慑力都要靠一点一滴去积累，大的制度要严格遵守，小的制度也不能例外。如果忽视了一致性、公平性原则，久而久之，人们的内心就会怀疑制度，违反制度人就会越来越多，最终导致企业制度"大面积塌方"。

因此，管理者必须要维护制度的威慑力，让所有人都感受到触摸热炉般的疼痛，并且因痛而产生敬畏心。在这一点上，伊藤雅俊是一位值得所有管理者学习的企业家。在企业管理中，他坚持制度至上，维持制度的一致性、公平性，不允许妥协的地方绝不妥协。

伊藤雅俊在成立伊藤洋货行之初，以买卖衣料为主，后来又开始经营食品的买卖。经过一番努力，洋货行很快发展起来，产品得到了消费者的欢迎。为了更好地管理公司，伊藤雅俊高薪聘请了对食品经营有着丰富经验的岸信一雄。岸信一雄是一位眼光独到、善于交际的经营奇才，为了招徕他，伊藤雅俊还特意"三顾茅庐"，以示自己的真诚。

伊藤雅俊的决策是正确的，在岸信一雄的带领下，伊藤洋货行得到了迅猛的发展，短短十年间销售业绩就提高了数十倍，成为日本食品经营行业中的佼佼者。岸信一雄也一跃成为公司炙手可热的人物，还被提升为食品部门的经理。

然而，成绩和荣誉很容易让一个人飘飘然，岸信一雄也不例外。他开始居功自傲，认为没有自己就没有公司的今天，甚至连伊藤雅俊都不放在眼里。他变得一意孤行，对公司制订的规章制度置若罔闻，多次违反制度；对公司的改革措施持敌对态度，一再拒绝执行公司的战略决策；同时，他还搞小团体，放任和包庇对自己忠心的部下，纵容他们违反公司的规章制度……

伊藤雅俊多次要求岸信一雄遵守公司的制度，按照公司的战略决策去经营。但是，岸信一雄根本不加理会，依然我行我素，甚至还说："一切都这么好，我为什么要改？！"他这样的做法不仅影响了食品部门的工作效率，还影响了公司制度的约束力和威慑力，让管理变得非常困难。最终，伊藤雅俊忍无可忍，直接将他解雇。

当然，解雇有成绩、有才华的岸信一雄，使伊藤雅俊受到了很大的质疑，很多人批评他"过河拆桥"，也有人指责他嫉贤妒能。面对舆论的攻击，伊藤雅俊说出了自己的想法："秩序和纪律是企业的生命，也是我管理员工的法宝。不遵守纪律的人一定要从重处理，无论他是什么人，又为企业做过多大的贡献，即使因此降低战斗力也在所不惜。"

是的，企业想要在市场中立于不败之地，就必须有严谨、完善的制度，而想要制度发挥作用，就必须维持它的威慑力。虽然岸信一雄一次又一次为公司创造卓越的业绩，但这不是他违反制度的理由，更不是他屡次触碰制度的理由。在制度面前，人人都是平等的。只有让制度的威慑力对所有员工起到约束作用，才没有人去违反它。人人都遵守制度，才会让企业的发展更稳定、更长远。

因此，管理者要善于利用"热炉法则"，保证人人遵守公司的制度，同时坚决地维护制度的威慑力，保证制度的公平、一致，无论谁碰触了"热炉"，都要让他感受到疼痛。只有制度像一个热气腾腾的炉子时，它的作用才会完全展现出来，企业才能成为不可战胜的团体。

5 不执行，制度就形同虚设

张居正曾经说过："天下之事，不难于立法，而难于法之必行。"意思很简单，就是说天下的事情，难的不是建立规章制度，而是规章制度的执行。制度的建立，固然很重要，但是执行更为重要。这就像一个人有想法，却不行动，那么再好的想法也是空想。同样的道理，再好的制度，如果不执行或落实不到位，那么也就形同虚设。同样的，制度执行不下去，企业也会快速地"死亡"。

国外有这样一家大型企业，因为经营不善、业绩惨淡而不得不选择破产。后来，这家企业被一家美国企业收购，所有人都以为美国人会进行大刀阔斧的改革，引进先进的规章制度、管理理念或大幅度地裁员。令人吃惊的是，美国人只是派来几位管理者，其他什么都没有改变，却让原本亏损的企业在短短一年内就实现了转亏为盈。

那么，发生了什么事情呢？他们没有进行任何改革，没有修改制度，没有引进先进的机器设备，也没有优化产品，只是要求所有员工都必须严格地执行规章制度。直到这时，人们才明白这家企业破产的原因，也就是执行力太差。

由此可见，一些企业之所以工作效率不高，就是因为制度的执行不到位。执行不到位的原因有很多，可能是制度不完善，可能是管理者选择性执行，也可能是表面上执行，实际上并没有真正落实。但是，不管是哪方面原因，制度不能得到很好地执行，它就会成为摆设，无法发挥任何积极的作用。

企业的规章制度很好，但是却没有将其真正地落实，导致结果为零。制度不落实，没有很好地执行，那么即使它再完美、再先进也只是纸上谈兵。因此，在管理过程中，每位管理者都必须严守制度，把制度真正地落实下去。

当然，制度的执行可能是一个痛苦的过程，也许会遇到很多阻力。但是，只有紧握制度的"鞭子"，把认真学习制度、严格执行制度的理念变成一种习惯，从管理者到员工都自觉地执行，只有这样，企业才能在制度的约束下变得更加强大。

我们来看看沃尔玛的例子。沃尔玛的全球采购战略、物流配送系统、人力资源管理、"天天平价"策略都是企业在竞争中的强有力武器。其中，独有的物流体系，是企业成功的基础。而这一物流体系之所以具有强大的竞争力，根本在于沃尔玛将执行力发挥到了极致。

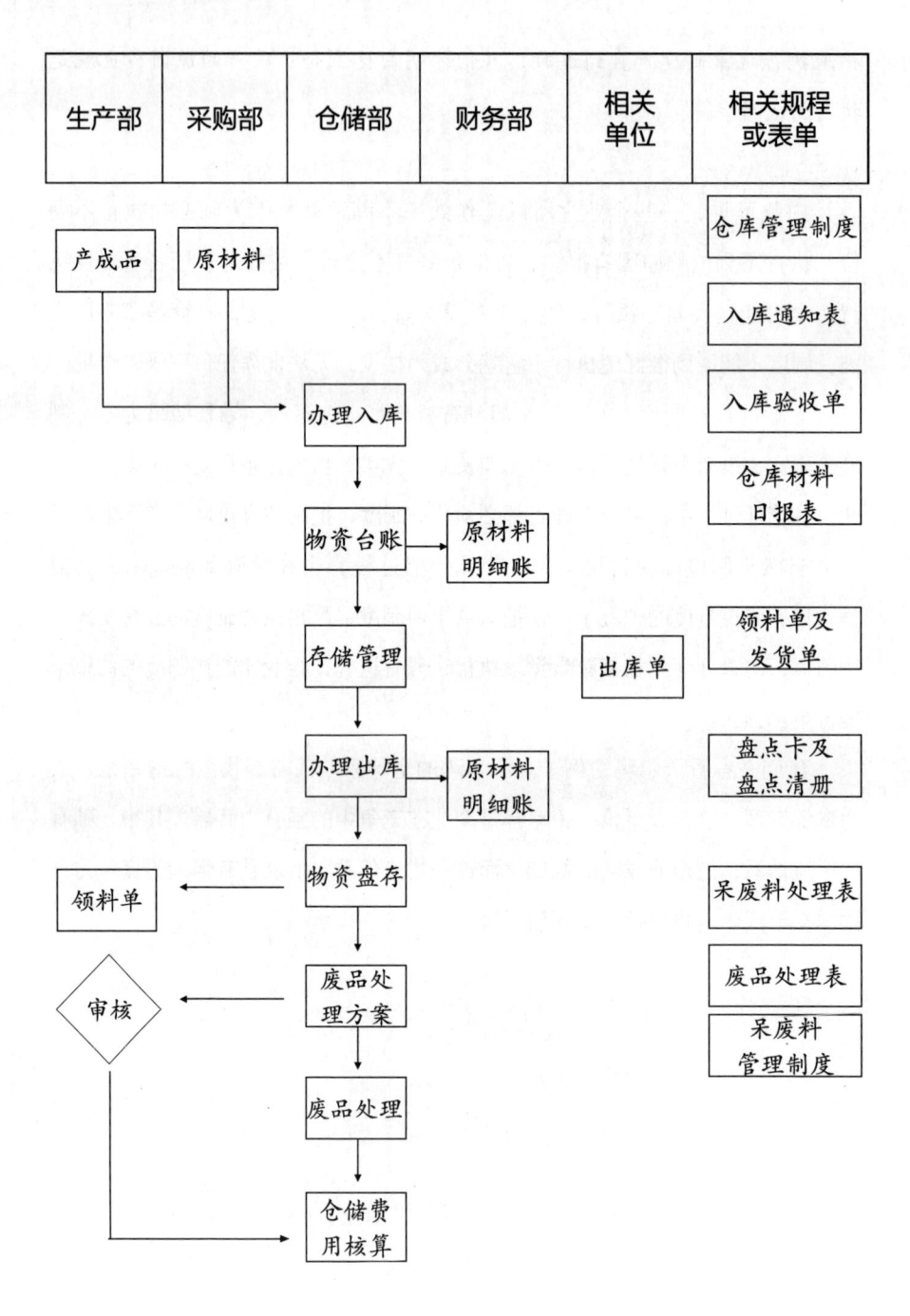

生产部	采购部	仓储部	财务部	相关单位	相关规程或表单

流程节点（仓储部）：办理入库 → 物资台账 → 存储管理 → 办理出库 → 物资盘存 → 废品处理方案 → 废品处理 → 仓储费用核算

生产部：产成品
采购部：原材料
相关单据：原材料明细账（对应物资台账与办理出库）、出库单（相关单位）、领料单（审核）

相关规程或表单：
- 仓库管理制度
- 入库通知表
- 入库验收单
- 仓库材料日报表
- 领料单及发货单
- 盘点卡及盘点清册
- 呆废料处理表
- 废品处理表
- 呆废料管理制度

图 2-4　沃尔玛仓储管理制度流程

表 2-1 沃尔玛仓储管理制度说明

流程节点		责任人	工作说明
1	产成品	生产部	检验合格的产成品，填写入库单，通知仓储部办理入库
	原材料	采购部	检验合格的原材料，入库前核对供应商的送货单，查点实物数量，按照规定办理入库
	办理入库	仓储部	将原材料和成品入库，办理入库手续，做好入库登记
	物资台账	仓储部	将原材料和产成品登记台账，同时编制明细账
2	存储管理	仓储部	做好原材料、成品的存储、调配以及保管工作
3	领料单	生产部	根据生产计划及线上物料存量情况提出物资需求，填写领料单，上报生产经理审批，到仓库领料
	出库单	相关部门	向仓库提出出货申请，并填写提货单
	办理出库	仓储部	1.原材料出库。仓储部接收生产经理审核过的领料单，办理发货，并填写发料单。2.产成品出库。仓库主管审核销售部提出的出货申请，审核未通过则通知销售部继续办理提货手续
4	物资盘存	仓储部	制订盘点计划，对库存物资进行盘点，并记录盘点结果，汇总盘点报告，进行库存调整。财务部登记相关明细账，以便核对，进行其他业务
5	废品处理方案	仓储部	进行物资盘点后，及时处理呆废料以及废品
	审核	生产部	生产经理审核，并提出相关意见。
	废品处理	仓储部	按照废品处理方案处理废品
6	仓储费用核算	仓储部	在要求时间内核算仓储费用

在管理过程中，管理者要求员工必须按照制度去执行，也正是因为每一个环节都执行到位，所以才大幅降低了运营成本，提高了存货周转速度，也促使沃尔玛"天天低价"策略得以实施。可以说，作为一家连锁企业，如果物流配送不到位，就很容易出现问题，很难形成竞争力。执行到位，是沃尔玛强大的竞争力的关键，也是让沃尔玛成为零售配送领军者的关键。

在现实生活中，很多企业制订的制度很好，但总是在执行上出现问题。管理者不能做到一视同仁，导致制度的威慑力减弱，甚至有的管理者做事"雷声大雨点小"，制订制度时，大张旗鼓；执行制度时，却偃旗息鼓了。制度颁发之后，不推行，不严格要求员工去遵守，更允许不受制度约束的特殊人群存在。那么，制度无法执行，是谁的错呢？企业管理混乱，很难生存下去，又是谁的错呢？

因此，每一名管理者都必须明白，制度的存在，就是为了执行。不执行，制度也就失去了它存在的意义。作为企业管理者，必须是制度的坚决执行者，一丝不苟地将制度落实下去，同时起到带头作用，遵守和执行所有的规章制度，不允许出现任何例外。在制度执行的过程中，管理者还应该用自己的聪明才智，解决遇到的一些问题，发现制度中存在的不足，及时对其进行调整，以确保制度的完善和高效的执行。

这才是企业的管理之道。

⑥ 按制度办事，不等于冷酷无情

制度是为了企业的良性和长远发展而制订的，可以保证管理者的权威，也可以规范员工的行为，同时也能够保障员工的利益。在管理企业的过程中，管理者要按照制度办事，维护制度的威严，维护企业的利益，但是需要注意一点，按照制度办事，可以严格，但不能冷酷无情。

换句话说，制度的执行应该以挖掘员工潜力、提高员工积极性为目标，同时也要减少员工身上的惰性、消极性，促使企业正常健康地发展。作为管理者，如果把制度当作是威慑员工的工具，甚至当成树立权威、提升地位的武器，那么企业将会走入深渊。

比如，每家企业都有严格的考勤制度，如果员工迟到、早退、旷工，就会受到处罚。很多企业的处罚方式就是按照违规的不同程度而进行相应的罚款。这样的约束，让员工有所忌惮，进而主动地遵守考勤制度。

只要规章制度是合理的，罚款的规则明确，员工就不会有怨言，工作起来也会兢兢业业。在这种情况下，管理者的工作会相对轻松一些，制度推行起来也会更顺利。但是，如果管理者过于苛刻，制订出缺乏人性的制度或处罚规则，那么就会让员工无法接受，进而导致抱怨连连，甚至人才流失。

某企业的销售部新任命了一位经理，为了树立权威，他"烧出了上任的第一把火"——改革部门的考勤制度。制度规定：员工必须执行到岗打卡制度，不打卡，视为缺勤；迟到10分钟以内，扣除当天基本工资；每月迟到三次以上，扣除当月奖金；早退，按照迟到的标准计算；请假一天，扣除当月奖金；请假超过三天，扣当月一半基本工资。

制度一经发布，员工们议论纷纷，都质疑新制度的可行性。新经理的助理也提出建议，希望他能重新考虑一下，因为这样苛刻的制度和严重的处罚，很可能引发员工的抗议和不满。

然而，新经理却一意孤行，认为自己必须在短时间内树立起威严，只有这样才能让员工听从自己的指挥，才能管理好团队。那么，这位新经理的目的达到了吗？当然没有。员工的工作积极性严重降低，迟到和早退也变得肆无忌惮。原因很简单，既然迟到了三次，就扣除当月奖金，那么为什么不天天迟到、早退呢，反正奖金已经得不到了。几名员工对于这样自大的领导非常不满，还提出了离职申请。

面对这样的情况，新经理不仅没有反思，反而认为员工是针对自己，是在给自己下马威，于是更加强了管理。他不允许员工请假，就连有的员工亲人生重病，请假回去探望，也遭到了拒绝。他要求员工必须无理由地满足客户的需求，就连客户提出的一些不合理要求，也必须要满足。

没多久，员工就愤怒不已，于是纷纷提出离职。到了这个时候，总经理才意识到了事态的严重性，开始安抚员工，并且责令新经理向员工道歉，整改不合理的规章制度。虽然最终问题得到了解决，但是新经理的威信尽失，没过多久就引咎辞职了。

从上面的例子中我们可以看出，制度的制订需要严格，但不能太苛刻，管理者执行制度时需要公正、无私，但不能冷酷无情。更重要的是，管理者不能滥用权力，不能把制度当作是维护自己"崇高"地位的武器，否则只能让员工质疑管理者的人品、能力，无视或者轻视管理者，或让员工内心充满排斥与抗拒，从而消极工作。

身为管理者，要维护规章制度，同时也要进行人性化管理。简单来说，就是要做到以制度为准绳，同时也要让制度人性化，尊重员工，不要触碰员工的底线。

很多企业规定员工犯了错误就要受到处罚，但是管理者绝不能当众指责、羞辱员工。企业可以按照绩效考核制度处罚员工，但是绝不能公开"审判"。

总之，对于管理者来说，制度要严格，但是管理要人性，不能被冰冷的制度捆绑住，更不能借制度来压制、压榨员工。只有让员工自愿地遵守和维护制度，制度才能平稳健康地执行，企业才能正常运转。

❼ 给予员工一定自由，别让他们被制度捆死

我们先来看看这个故事。

麦克尔·戴尔在刚接手管理戴尔的时候，因为工作非常忙碌，养成了晚睡晚起的习惯。那时公司规模小，人员也比较少，每个办公室的钥匙都是由戴尔亲自掌管。所以，他必须在每天早上9点30分之前赶到公司，为每个办公室的员工开门，只要自己睡过了头，所有员工就只能在门外等候。

因为戴尔经常迟到，不仅耽误了工作进度，还让员工变得消极懈怠。有些人总是迟到，10点多才来上班，有些人干脆吃了午饭才来上班。戴尔也发现了问题的严重性，所以制订了规章制度：员工必须按时上班，不能迟到。然而，尽管制度颁发下去了，还是有一些员工不遵守，迟到现象时有发生。

戴尔很生气，但是员工也表示无奈，他们坦诚地说："钥匙在你那里，你经常迟到，我们准时来了又有什么用！"

听了这话，戴尔哑口无言。他意识到，问题不是出在员工身上，而是自己身上。经过思考之后，他召开了一次会议，在会上宣布：从第二天开始，上班时间调整到8点30分；每个办公室的钥匙都会下发给员工，由员工自己开门；员工不能迟到，迟到就要受到处罚。从此以后，所有员工都按照制度去执行，再也没有人迟到过，同时，工作效率也得到了提升。

这个故事告诉我们，管理者应该把"钥匙"交给员工，让他们自己去打开工作中遇到的每一把"锁"，而不是用制度把他们捆绑得死死的，只能被限制在"框架"内，由管理者则掌控一切。否则，员工得不到成长，管理者也会因此变得身心俱疲。

员工的行为需要有章可循，有规章制度来约束，进而使员工的工作效率更高、行为更积极，不再懒散、消极。但是，在执行制度时，管理者一定要三思而后行，明确企业的制度是否过于严苛，是否让员工变得束手束脚，甚至成为只知道执行命令的"机器人"。

相信大家都看过卓别林的喜剧《摩登时代》，在严苛的制度下，工人的劳动强度极大，而且受到的制约和束缚也非常多，只能机械化地劳动，没有一点自由可言，更别提激情和干劲了。所以，管理者必须明白，企业不再需要只会执行命令的机器人，而是需要有思想、有创新、有主动性的员工。在制度严明的前提下，管理者给予员工一些自由，营造一个宽松、和谐、愉快的工作环境，这样才能让员工变得越来越优秀，让企业变得越来越强大。

换句话说，管理者要适当地做到"无为"，能撒手，敢放手，给予员工自由发挥的机会，或让他们进行自我管理。因为一名真正成功的管理者，不在于做多少管理工作，而是让每名员工都能自主地发挥自己的能力与潜力，能够在最恰当的时候做最擅长的事情。

管理者与员工之间不是控制与被控制的关系，规章制度也不是控制员工的武器，更不是捆绑员工的绳索。给予员工自由，让他们在制度、规则约束的前提下实现真正的自我管理，这样才能发挥出团队聚合力，进而为企业带来意想不到的收获。

那么，如何给予员工自由呢？首先，管理者要放开对员工的束缚，让员工充分地发挥自己的才能，比如可以设置一些奖励措施，也可以适当授权，让员工在工作时尽情发挥。管理者在要求员工遵守制度的同时，也要让员工敢于创新，并为他们提供思维发散的有利条件。

很多企业规定办公区域禁止喧哗、闲谈，但是管理者也要为员工提供一个说话的环境，让员工可以讨论问题、交流情感。例如，有些企业规定在会议上员工不能交头接耳，但在允许的前提下，员工有畅所欲言的机会，管理者这时可以倾听员工的意见与建议，可以鼓励员工大胆地提出自己的想法，同时引导他们独立思考。

员工不是奴隶，也不是只会执行命令的机器人，所以管理者要让员工拥有一定的自由，而不是被制度捆绑住，无法发挥自己的才能。让员工拥有一定的自由，那么员工就会变得敢想、敢说、敢做，为了让自己变得更加优秀而不断提升自己，进而让企业也有更好的未来。

但是，给员工自由也要有一个限度，不能让员工过度自由。比如，一些员工的表达欲很强，有了畅所欲言的机会就会表现自己，甚至认为自己的想法高人一等，结果屡屡在会议上发言，使得制度受到破坏，团队中出现不和谐的因素。还有一些员工，把发言权曲解为可以任意说话，因而肆意地发泄内心的不满和一些不好言论。这就是过度自由带来的"副作用"，管理者一旦发现这样的情况，就必须重视起来，用规章制度来约束员工，避免使整个企业都充满了负能量。

总之，管理者必须制订严明的规章制度，并且保证制度的正常执行，但是在这个过程中，管理者不能给予员工过度束缚，而是应该让他们拥有一定的自由度。让员工行动上有规矩，思想上有自由，企业才不会陷入混乱，反而会变得更有活力。

8 处罚的度，必须要宽严适中

有些员工不遵守或违反制度，处罚就是最直接，也是最有效的管理手段。就像我们在前文所说，只有对违规的行为进行相应的处罚，才能保证制度的威慑力。但是，处罚还需要掌握一定的"度"，过于宽松，企业制度无法得到切实执行，无法做到令行禁止；过于严苛，也是不可取的，可能会让员工生出抱怨或仇视心理，使管理变得艰难。

所以，在企业管理中，管理者要把握好处罚的"度"，做到宽严适度，既能起到惩戒的作用，又不会让被处罚者产生不满。因为处罚的目的并不在"罚"，而在于用制度来约束员工，维护制度的威慑力，起到防患于未然的作用。

```
            ┌──────────────┐
            │   处罚的目的   │
            └──────────────┘
           ↙        ↓        ↘
    ┌────────┐ ┌────────┐ ┌────────┐
    │用制度来约│ │维护制度的│ │防患于  │
    │束员工。 │ │威慑力。 │ │未然。  │
    └────────┘ └────────┘ └────────┘
```

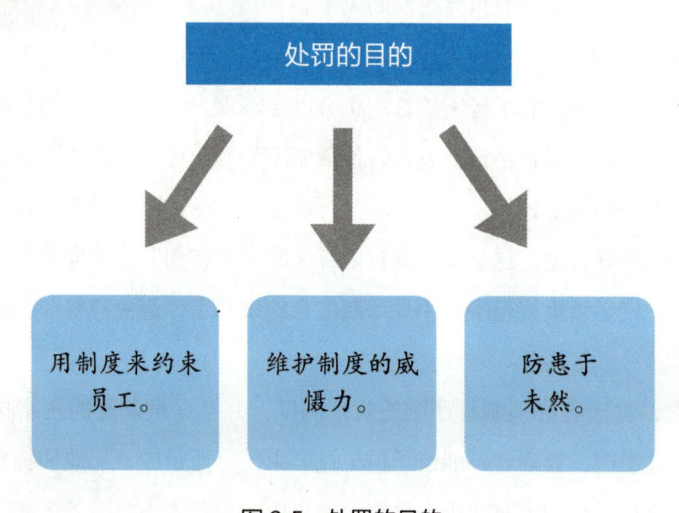

图 2-5　处罚的目的

但是，很多管理者忽视了这一点，比如，有一些企业的制度过于严苛，对员工的处罚非常重。

曾经有一家企业这样规定：员工上厕所不得超过五分钟，每天上厕所的次数不得超过三次，如有人违反此规定，轻则罚款500元，重则开除。在这样严苛的制度与处罚下，员工心中充满了不满，抱怨说企业不人性化，导致工作效率低下，同时也导致企业的人员流失非常严重。

还有这样一家公司，由于受到大环境的影响，近两年业绩持续下降，尤其是今年上半年，公司业绩同比下降了20%。虽然管理者想了很多办法，但是员工的积极性依旧不高，工作效率也出现下降的趋势。

为了激励员工的士气，提高整个公司的工作效率，管理者提出了最新的整改措施：从即日起，各部门进行绩效评比活动，到月底，哪个部门的业绩落后，全部成员包括部门经理都要接受降薪一半的处罚。

这让所有人始料未及，有人认为这种做法不妥当，处罚太重，但是管理者却说："这种处罚措施并无不妥，既然公司要提高业绩，那么大家的薪酬就应该与业绩挂钩，大公司不也是对业绩不好的员工进行降薪的处罚吗？"这一番话，让所有人都无法反驳。

到了月底，绩效最差的部门果然被降薪一半。原本所有人心中还抱着一丝希望，认为老板故作声势吓唬大家，毕竟所有员工的薪资都不太高，如果降薪一半的话根本无法维持日常生活开支。过于严苛的处罚让中下层员工产生了强烈的不满，他们不仅不再竭尽全力地工作，反而开始消极怠工。公司中还出现这样的言论：老板就是没钱发工资了，所以才找一个借口降薪。一时间，整个公司人心惶惶，没有人安下心来工作，同时这个谣言还传到竞争对手那里，竞争对手也想办法来"挖"有价值的人才。

直到这时，管理者才意识到事态的严重，为了避免公司发生更严重的动荡，因此迅速召开全体员工大会，恢复原来的制度，取消降薪一半的处罚，才让这场风波平息下来。

事实上，这两家公司的管理者都想利用处罚来激励员工，但是问题在于，处罚过于严苛，让员工无法接受。处罚只是一种手段，处罚违反制度的员工，就如同打他们板子，如果打得太重，就直接伤了他们，甚至要了他们的命，那结果怎么会好呢？

与此同时，一些企业则走向了另一个极端。他们的制度都很好，但是执行不到位，处罚也是"隔靴挠痒"，使得企业的管理非常混乱，工作效率非常低。

有这样一家企业，制订了一项制度：开会的时候，不允许接听电话、发微信，禁止看手机。制度一出台，员工都自觉地遵守，只要参加会议，就很配合地关闭手机或调到静音。然而第一个违反制度的人出现了，一名员工接听了非常重要的客户的电话，因为情况比较特殊，管理者只是口头批评，并没有给出相应的处罚。结果，类似的情况越来越多，有的人甚至还拿大客户、紧急情况做借口，肆无忌惮地接听电话、发微信。管理者也因为"法不责众"而妥协，最后这项制度也就形同虚设了。

这说明了什么？对于制度来说，执行必须及时、有效。谁要是违反了制度，必须得到相应的处罚。但是处罚不能随心所欲，过重或过轻，都起不到好的效果。优秀的管理者是把握尺度的大师，对于员工的处罚，不仅不会让他们心生怨言，还会让他们全身心地执行。

把握好了处罚的度，既能让员工"痛"，又不会让他们因为"痛"而消极抵触，如此一来制度才能成为管理者手中最有利的武器。

第三章

财务管理
——其实都落脚在一个"钱"字上

　　一位企业管理者如果不懂得财务知识，就无法正确地做出决策，无法对企业的内部管理和外部营销进行有效的引导，进而被财务人员所牵制。因此，企业的管理者可以不是财务专家，但是必须懂得财务知识。管好企业的"钱袋子"，企业才能越来越赚钱。

❶ 管理者不懂财务，是很可怕的事

很多管理者认为，企业有专业的财务总监、财务部门，自己没有必要懂得财务知识。如果这样想，那就大错特错了。作为一名管理者，如果不懂财务，就不可能提出正确的财务问题，自然也无法通过财务报告、财务报表了解企业的经营能力与不足，最终难以做出正确的经营决策。

换句话来说，如果管理者不懂财务知识，在管理企业内部及引导外部营销时，可能会出现被财务人员牵制，或者使企业脱离正确的方向的问题。所以，身为企业管理者，可以不是财务专家，但是不能不懂得财务知识。

但是，很多大企业的管理者都不懂得财务知识，因为不懂，所以不重视财务，更意识不到财务的重要性，而这也为企业的发展带来了不良的影响。我们来看看下面这个案例。

巴林银行成立于1763年，是世界上第一家商业银行，创立者是弗朗西斯·巴林爵士。因为历史悠久、业务范围广泛，巴林银行逐渐发展成为欧洲首屈一指的全球性银行及金融服务机构。到了20世纪90年代，巴林银行已经发展成为影响巨大的全球性银行，在全球80多个国家和地区设立了数百个办事处。然而，就是这样一家历史悠久的银行，却在1995年宣布破产。

这个消息令人震惊，很多人都不明白巴林银行为什么会破产。原因有很多，但直接原因是一个名叫尼克·里森的期货交易员进行了超额的衍生金融商品交易，导致巴林银行直接损失14亿美元，而当时巴林银行的资本和储备金只有8.6亿美元。还有一个原因是银行管理层的失职，虽然有人发现了期货交易的异常，也向管理层进行了汇报，但是问题并未受到重视，更没有得到及时处理。这也凸显了巴林银行内部管理的松散，以及风险意识的缺乏。

除此之外，还有一个重要因素，即当时的管理者彼得·巴林不懂财务，不重视财务工作的管理。彼得·巴林根本不重视资产负债表，在一次演讲中，他曾经说过这样一句话："如果以为揭露更多的资产负债表数据，就能够增进对一个集团的了解，那真是幼稚无知。"

在巴林银行破产之后，有专家曾表示它完全可以避免破产。巴林银行每天都会编制资产负债表，如果彼得·巴林能足够重视这张表，那么他就会知晓尼克·里森的所作所为，进而在第一时间采取措施，挽救公司的败局。

因为彼得·巴林不重视财务，没有做到业务交易部门和财务管理部门职责分明。在新加坡分部，作为期货交易总经理的尼克·里森分管交易和结算，也就是说除了交易，他还负责监督财务人员、签发支票、负责审核国际金融交易对账以及与银行的对账调节。这一切都为他的超额交易提供了便利，进而把整个企业都拖入了泥沼之中，最使巴村银行终走向了破产。

在企业管理中，懂得财务、重视财务是非常重要的。管理者需要看懂财务报表，比如资产负债表，只有通过它，管理者才能了解企业更深入的信息，包括公司的注册资本情况、公司的成长以及公司的资产管理情况等，判断各项管理制度是否健全，内部控制的设计是否合理，执行是否有效等。管理者还需要关注利润表、现金流量表，明确企业是如何创造价值、如何降低成本以及企业的财务状况和经营业绩，进而做出正确的决策和战略规划，规避市场中的潜在风险。

商场上总是会涌现一批杰出的企业，比如苹果、沃尔玛、戴尔等公司，它们之所以能取得骄人的成就，除了归功于技术、商业环境之外，还有一个非常关键的因素，那就是管理者都拥有卓越的财务管理能力。

因此，企业管理者必须明白，财务不只是冷冰冰的数字和枯燥的财务报表，它是企业所有活动的综合反映，其中隐藏着大量有价值的数据信息。只有把握住这些信息，管理者才能在管理和经营中做出正确的决策。更为重要的是，管理者必须要加强对财务的重视，提高自己的财务管理能力，避免让财务问题成为影响企业发展的"绊脚石"。

记住，你不必成为财务专家，但是必须懂得财务知识，具有财务管理的能力。

❷ 看懂财务报表，并不是难题

很多企业管理者了解财务的重要性，也想成为财务管理的高手，然而在看了财务报表之后，便止步不前。在他们看来，财务报表的专业性太强，名词术语太多，表格太复杂，真的很难看懂。于是，很多管理者干脆就把财务报表交给财务部门和财务人员，自己只负责做好决策和统筹即可。

事实上，看懂财务报表并不困难，只要了解了一些基本要素，问题就可以迎刃而解。管理者要了解企业的财务状况要素和经营成果要素，即了解企业的利润究竟是从哪里来的，明白企业的支出在哪里又得到了哪些收益。

第一类要素，即财务状况要素，包括资产、负债和所有者权益。资产是企业拥有或控制的资源，这些资源是由企业过去的交易或事项产生的，可以为企业带来经济效益。负债是企业从银行或其他机构或个人借来的资金，必须要进行偿还。管理者必须控制企业的负债率，因为负债的多少直接关系到盈利能力、投资风险的大小，如果企业的负债率过高，就可能遭遇财务危机，甚至破产。所有者权益，即企业的净资产，是资产减去负债后的余额。对于投资者来说，所有者权益越多，获得的红利就越多；对于管理者来说，所有者权益越多，可以用于投资的资金也就越多。

第二类要素，即经营成果要素，包括收入、利润和费用。收入是企业在日常经济活动中所获得的经济利益，收入越高，企业的生存和发展越好。而管理者的决策越正确，管理水平越高，企业的收入也就越高。利润是企业的收入，是企业经营成果的体现，也是管理者能力与水平的体现。对于管理者来说，制订发展战略，进行一系列的决策和营销活动，都是为了获得更多收入，以提高企业的净利润和竞争能力。费用，是企业日常经济活动中必须支付和花费的一部分资金，包括原料、人工、管理成本，等等。

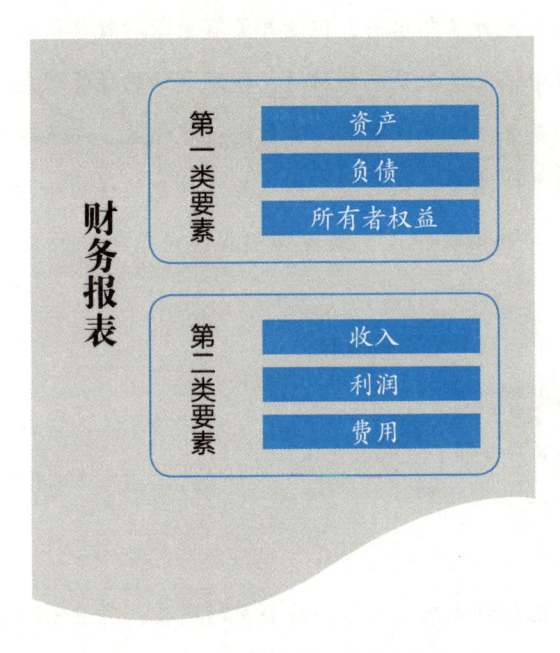

图 3-1　财务报表的两类基本要素

这些要素不是孤立的存在，而是有着非常密切的关系。比如，企业的利润等于收入减去费用，也就是说，管理者加强内部管理，尽可能地减少费用的支出，才能最大限度地提高企业的利润。企业的收入增加，资产额才能随之增加，资产额增加了，还债能力才也就随之提高了。管理者只要明白这些要素之间的关系，以及这些要素对企业的影响，问题自然就迎刃而解了。

人们称巴菲特为股市的不败之神，都羡慕他在股票投资方面的才华与能力。可是我们需要知道，巴菲特之所以成为超级富豪，还有一把金钥匙——公司的财务报表。

在哥伦比亚大学读书的时候，巴菲特的老师是著名的投资专家格雷厄姆。从老师那里，巴菲特学到了很多投资方面的知识。后来，他进入了格雷厄姆的公司，成了一名股票投资分析师，而在工作中，他每天都要阅读成千上万份公司财务报表，自然明白财务报表对于股票投资的重要性。

后来巴菲特离开了华尔街，但是并没有中断对股票投资理论的研究。在研究的过程中，他发现了一个问题，按照老师的投资理念操作，虽然收益率很高，但是并不能保证所有投资都能获得收益。一些股票被抛出后，还会持续上涨，使投资收益严重受损。为了避免这样的局面，于是，他开始研究这些公司的财务报表，发现那些股票持续上涨的公司都具有以下特征：

——在某个领域占有垄断地位；

——产品优势明显；

——产品的一致性；

……

比如可口可乐公司和百威公司。

接下来，巴菲特先后购买了一些公司的股票，并且长期持有。他在研究可口可乐公司的财务报表时发现，可口可乐具有长期一致性，在过去的

100多年间，配方从来没有改变过，并且在市场上占有垄断地位。他发现可口可乐公司的股票是持续上涨的，并且预测这只股票具有持续上涨的趋势，于是他购买了可口可乐股票，最后收获了高达160多亿美元的收益。

巴菲特总是热衷研究一家公司的财务报表，因为他知道可以根据财务报表获知这家公司是否具有持续竞争力、是否能够获得较高的盈利，以及企业的负债情况，盈利是否具有持续性，等等。而这些都让他做出了正确的决策，使他成为世界上最富有的人之一。他对人们说："有些人喜欢看《花花公子》，而我喜欢看公司的年度报告和财务报表。""你必须阅读无数家公司的年度报告和财务报表。"

作为投资者，需要向巴菲特学习，读懂并研究企业的财务报表。作为管理者，更应该向巴菲特学习，不仅要读懂财务报表，更应该重视财务报表，加强对企业财务的管理，提升自身的管理能力，才不会被密密麻麻的数字弄得不知所措，避免在管理和决策上出现大问题。

❸ 预算：有多少钱办多少事

面对激烈的市场竞争，企业想要获得竞争优势立于不败之地，就必须具有良好的预算能力。做好了预算，有的放矢进行投资和管理，并且将预算进行到底，才能在正常运转的前提下实现经济效益的最大化。

企业的预算包括经营预算和财务预算。一般来说，管理者想要做好合理的全面预算，并不是一件容易的事情。因为这需要管理者协调和统筹各方面的资源和信息，将各种资源合理地整合在一起，并且在生产过程中，使这些资源得到有效的利用。预算不是越多越好，如果预算过多，那么企业资源就得不到充分地利用，造成资源的限制和浪费，无法实现经济效益的最大化；预算也不是越少越好，如果预算过少，企业就很可能错过最佳的投资机会，不仅无法实现利润的扩大，还会影响企业的进一步发展与壮大。

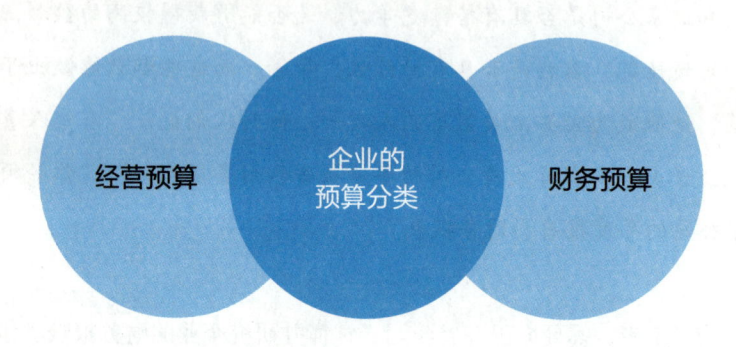

图 3-2　企业的预算分类：经营预算、财务预算

做到预算的精细化管理，根据企业自身的情况和市场的动态做出科学合理的预算，才能为企业带来更多的经济效益。

提到梁凤仪，可以说无人不知无人不晓，她是中国香港著名的小说家，她在书中塑造了很多出色的人物形象。除了小说家的身份，梁凤仪还是一家文化公司的管理者，旗下的勤加缘文化公司主要从事影视节目制作、服务、市场推广及广告类业务。

以一个文化人的身份来管理公司，梁凤仪不仅成功了，而且还取得了不小的成功。而她成功的秘诀就是重视财务管理，尤其是预算管理。与其他行业不同，影视行业的投资预算是关键中的关键，如果做不好预算，很可能导致资金链断裂，导致一部好的作品难产，给公司造成巨大损失。因此，在投资每一个项目之前，董事会都会进行商讨和研究，再投票进行决议。董事会所参考的重要因素就是成本预算的多少、收益点是什么，发行方的预计收益是多少，等等。

另外，在外行人看来，影视业蓬勃发展，院线的很多影片票房动辄上亿元、数亿元，甚至是几十亿元。但是电影是按院线排片量以及预计票房来计算收益的，从财务管理的角度来说，投资风险非常大，一旦出现意外，就面临着巨额的亏损，甚至血本无归。而影视公司在做预算时需要考虑的问题就更复杂了，包括拍摄的时间、每天的进度、场景的选择、角色的选择，等等。

正因为勤加缘文化公司重视对财务的管控，做出合理、科学的预算，所以公司才能在行业内站稳脚跟，并且取得很好的经济效益。那么，是不是有了预算就万事大吉了？当然不是。

虽然合理的预算管理可以有效地组织和协调企业的生产经营活动，但是，在日常生产经营活动中，如果不对投资和管理进行有效的控制，很容易发生预算超支的情况，还可能造成资金的滥用和浪费。所以管理者必须把好成本关，在事前做好预算，事中做好控制，事后则做好补救，实现资金的合理预算和把控以及资源的合理配置。

管理者还要以市场的需求为导向，市场需要多少产品，企业就投资生产多少产品；以企业自身的资产状况为标准，有多少钱，就办多大事。换一句话说，就是管理者在制订企业的全面预算时，一定要根据自身的实际情况量力而行，根据自身的资产总额、盈利能力和偿债能力进行预算。

另外，管理者还需要注意一点，市场是瞬息万变的，计划永远赶不上变化。如果市场发生了巨大转变，企业面临一个绝好的机会，抓住这个机会，企业就可以迈上一个新的台阶，那么管理者就不能死板地按照预算进行投资，白白错过这个绝好的机会。企业的预算要符合企业的长远发展，要有利于实现企业的战略目标。只是为了预算而预算，忽视了市场的变化，忽视了企业持续的发展，那么这样的预算是完全没有用的。

预算存在于企业的所有生产经营活动中，虽然在这个过程中存在很多不确定性因素，但是管理者必须要提高管理水平，对企业有效地实施全面的预算管理，做到科学预算、有效控制，不能把预算只当作"纸上谈兵"。

❹ 管理好现金流，企业才能越来越有钱

当今时代，"现金为王"，管理好现金流，清楚企业的钱是从哪里来的，这些钱被花到什么地方，才能更好地管理企业。当然，在财务管理中，现金并不是我们通常所说的真实的纸币，而是企业中现金和现金等价物的统称，包括库存现金、银行存款、银行本票、银行汇票，等等。

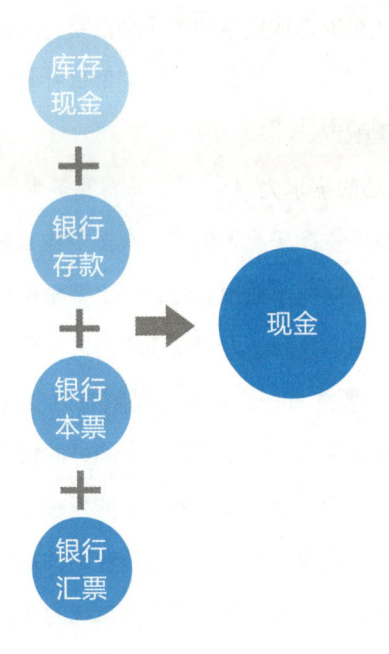

图 3-3　财务管理中的现金

对于企业来说，现金就好像是人的血液，而现金流就好像是身体中的血液流通。我们每个人能够身体健康，是因为血液流动和循环，不仅促进身体的新陈代谢，还把营养物质运送到身体的各个部位。一旦血液不足或流动不顺畅，那么人就可能患上各种疾病，甚至会有生命危险。企业也是如此，只有保证现金流的充足和流通顺畅，企业的运营活动才能顺利地进行，企业才能得到健康、持续的发展。一旦现金不足，或不能顺畅地流通，那么企业就会发生财务危机，甚至破产。

因此，优秀的管理者大多都重视现金流，即最大化地利用现金，进行有效的投资，又要确保现金不被滥用、及时回流。然而，还是有许多管理者在管理的过程中忽视了现金流，因为对现金缺乏管理，把企业拖入了深渊。

我们来看一个正面的例子。

京东很长时间都处于连年亏损的状态，相关资料显示，2014年和2015年，京东亏损超过五十亿元。2016年，情况略有好转，但是依然亏损。到了2020年，亏损达到一百多亿……这一连串的数字，可以说让人意想不到。

尽管如此，京东还是越做越大，同时它的订单量、利润、营收等指标，也连年上升。这是为什么呢？原因很简单，因为京东商城具有持续的盈利能力，也就是说，京东有着非常强大的现金流。只要有现金流，那么京东就可以一直存活下去并且发展壮大。

我们再来看一个负面的例子。

1997年9月，日本著名百货公司八佰伴宣布破产，这个曾经在全世界都有很大影响力的公司竟然轰然倒塌。而事实上，八佰伴的业绩是非常好的，而且几乎没有任何亏损，那么为什么它会突然破产呢？原因也在于现金流。

1997年，八佰伴实行了对外扩张战略，在亚太地区急剧扩张，仅在中国就开设了多家分店。结果，因为扩张过于快速，再加上金融风暴的影响，八佰伴的现金流出现问题，资金周转严重困难。当年公司负债高达1610亿日元，于是不得不宣布破产，出售旗下大部分分店，只保留了少数几家分店。

因此，现金流管理对于企业来说至关重要，不管是投资还是扩张，管理者都应该关注企业的现金是否充足、现金流入和流出是否平稳，而不是只重视业绩是否持续上升、盈利状况是否良好。如果不重视现金流，管理者就有可能盲目地做出决策，急于扩大经营并且快速扩张，造成企业资金过度消耗。一旦资金回笼出现问题或遭遇金融危机，那么企业发展就会陷入困境，甚至不堪一击。

商场如战场，如果没有足够的现金，那么就算管理者制订了再好的战略和谋略，恐怕也无法应对战场的瞬息万变。因此管理者必须对于企业资金进行宏观的管理规划，保证企业有足够的现金，并且合理地花好手中的每一分钱，避免发生资金不足或现金流异常的情况。

我们还需要注意一个问题，利润不等于现金流。很多时候，企业会采用赊账的方式进行销售，在这种情况下，可能会出现一个问题，即企业的经营状况很好，利润也非常可观，但是现金回流缓慢，收回的货款并不足以保证日常管理和投资。这个时候，管理者就要警惕，必须想办法加速现金的回流。一旦资金只流出不流入，手中的现金就会越来越少，导致现金流危机的出现，进而导致财务危机的发生。

当然，做好现金管理，并不是说积累越多现金，对于企业来说就越好。一味地积累现金，不用作投资，那么就会造成资金的闲置和浪费，使企业的资金无法发挥出最大的使用效力。正如培根所说："钱财是有翅膀的，有时它会自己飞出去，有时你必须放它飞出去，好招引更多的钱财。"无论是管理大企业还是小企业，只知道积累现金，却不懂得如何利用资金，那么也无法把企业管理好。让现金不断地流动起来，提高现金的流转，企业的钱才越来越多，企业才能越做越大。

5 财务出漏洞，企业出问题

我们知道，财务管理存在着一定的风险，如果管理者没有风险意识或不善于管理，那么就会产生财务漏洞。对于一家企业来说，财务漏洞的危害非常严重，轻则会造成资产的损失，重则可能导致企业陷入困境。

那么，企业中容易出现哪些财务漏洞呢？其中，包括财务报表漏洞、职责不分割、财务人员利用职务徇私舞弊等。在财务管理的过程中，管理者最应该注意的是职责分割，不能把会计和出纳混为一谈，更不能由同一个人担任这两个职务，否则很容易出现财务舞弊、中饱私囊的情况。

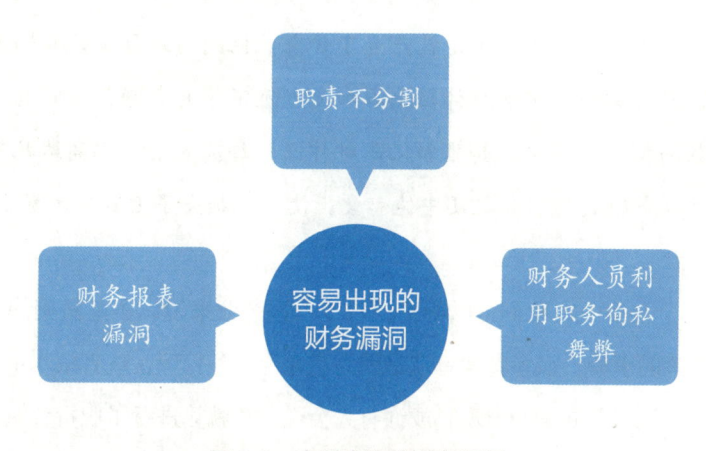

图 3-4　容易出现的财务漏洞

原因很简单，会计是管账的，主要职责就是记账、信息审核、会计档案保管。而出纳则是管钱的，主要职责是处理现金支付、进行银行结算，同时管理企业库存现金、财务印章。如果一个人同时负责这两个关键性职务，又管账、又管钱，便很容易利用更改会计账簿记录的方式来侵占企业的资产，满足自己的私欲。

这就像一群人共有一个宝库，为了安全准备了两把钥匙，可偏偏又将两把钥匙交给同一个人保管。如果这个人有了贪欲，那么很容易就把宝库搬光，而众人却浑然不知。我们来看看下面这个案例。

李琦是一家电子厂的老板，因为有头脑也有胆量，所以把工厂经营得红红火火，短短几年就在市场上站稳了脚跟。为了让工厂能有长远的发展，李琦开始扩大生产和经营规模，而这也需要招聘专业的财务人员来管理财务。经过精挑细选，李琦找来了朋友的弟弟苏鹏担任财务会计，一方面是出于信任，一方面是自己不懂财务管理，所以他让苏鹏同时担任出纳。

就是这个漏洞让李琦的工厂遭受了很大的经济损失，差一点导致财务危机。原来，苏鹏一开始还很敬业负责，可随着接触的资金越来越多，再加上结婚、生子的压力，于是就产生了贪念。他利用给员工计算和发放工资之便，每月都会在工资合计栏上添加上万元不等的金额，同时利用支付客户货款的机会，多次在转账和记账时作假，每次的金额都高达几万元。短短两年，苏鹏利用职务之便中饱私囊，使工厂损失了近百万元资金。

从这个案例中，我们可以明白，对于一家企业来说，不能做到职责分割是多么危险的事情。很多管理者就是因为不懂得财务管理，或者根本不重视财务管理，导致财务漏洞的出现。或许有人会说："就算进行了职责分割，可如果两个人进行勾结，那结果还不是一样？"是的，这种情况并非不可能，但是毕竟降低了风险,不是吗?

不管小企业还是大企业,管理者都需要有危机意识,建立完善的财务管理制度,防患于未然。杜绝一个人身兼会计和出纳两职,在聘用财务人员的时候,一定要谨慎小心,做好背景调查,避免财务人员之间有利益关系,避免财务人员与企业高层管理人员有利益关系。

与此同时,为了避免财务漏洞,管理者还需要加强管理,建立良好的监督机制,重视对财务人员的考察和监督。比如,出纳人员每月都会到银行对账,因为他的职责就是负责企业的现金和银行存款。所以管理者应该避免让一个人去银行领取对账单,而是应该安排另外的财务人员与出纳一起对账和盘点,这样一来可以避免伪造对账单的情况。尤其是金额巨大的存款,管理者就更应该加强对出纳的监管,避免出现资产的损失。

事实上,很多企业正因为监管力度不够,出现了重大的漏洞。

一家销售企业业绩很不错,可是管理者却发现,近两年公司业绩虽然每个月都在增长,现金流却出现了问题,出现了账目和款额有巨大出入的情况。这引起了管理者的重视,于是对财务人员进行调查。

调查结果显示,问题就出现在出纳身上。出纳利用职务便利和公司财务管理上的漏洞,多次利用修改现金账面数字的方式来做假账,侵占公司上百万资产。虽然出纳以涉嫌非法侵占罪被检察机关提起公诉,受到了应有的惩罚,但是这家销售企业的问题却没有得到解决,因为现金流中断,企业面临着资金短缺的困境,几乎走到了破产边缘。

除此之外,在防止财务漏洞这一方面,管理者还应该注意以下几个问题,管理好企业的印章,企业的公章、合同章、财务章等,避免出现私用、冒用印章的情况。一般情况下,企业开出的支票,只有同时具有两到三个印章才能生效。如果不能妥善保管印章,被钻了漏洞,把空白支票加工成有效支票,那么就会给财务管理带来很大的风险。加强审批，在批付款项时，一定要经过财务负责人、部门负责人、总经理的多方审批、签字。建立严格的现金管理制度，专人专管，并且做到钱账分离。

总之，管理者应该提升财务管理能力，建立严格的审查制度，加强内部的财务管理，只有这样才能防止财务漏洞，确保财务信息的准确性和可靠性，进而促进企业良性健康地发展。

6 财务管理，懂得税务管理也很重要

对于企业来说，税务管理是财务管理中一个重要的价值系统，税务管理与财务管理有着密切的关系，前者对于后者的决策起到了至关重要的作用。同时，管理者提升税务管理能力，不仅可以提高企业财务管理水平，还可以迅速掌握和理解国家的各项税收政策，对投资、筹资以及技术进行改造与升级，进而使资源得到合理的配置，提高企业的竞争力。所以，管理者想要做好财务管理，必须要了解和懂得财务管理的相关知识。

当然，我们第一步就需要了解税收。税收是所有企业都不可回避的，纳税是企业的义务，是企业应该承担的责任，更是管理者在生产经营活动中必须要考虑的重要因素。也就是说，对于企业来说，税务管理是至关重要的。管理者不仅要了解税收，还需要有纳税的意识，明白企业应该缴纳什么税种、何时缴税、如何缴纳、如何进行税收筹划等。

而税收筹划也是很多管理者比较关心的，因为做好了税务筹划就可以减轻企业的税负，节省下一大笔资金。税收筹划不是偷税漏税，而是采用正确的方法，在遵守税法的前提下，为自己带来更大的经济效益。换句话说，它是国

家赋予企业的一种权利,是管理者绝对不能放弃的、国家给予企业的税务支持。但要记住,它的大前提是不违反税法,手段和方式必须合法。

事实上,很多管理者都有税收筹划的意识,其中江中药业的管理者就是如此。作为国内OTC领域的领头羊,江中药业的发展势头一直都非常好。为了进一步完善上市公司资产,实现业务的独立性发展,企业在2008年宣布了一则消息:向母公司江中集团收购租赁使用的湾里生产区土地,收购价格为3亿元人民币。

为什么要向母公司购买这块土地呢?因为早在2003年,江中药业就一直租赁使用这块土地,把它作为药品生产基地,并且每年都向母公司支付600万元的租赁费。而近年来,土地租赁价格飞速上涨,每年的租赁费已经上涨到2000多万元。面对这样的情况,长期租赁显然已经不是最好的选择,不仅费用增加了,而且还可能使得企业面临很大的风险。于是,经过管理者的权衡,决定购买这块土地。

接下来,江中集团则以增加注册资本的方式将该土地置入全资子公司南昌江中资产,把这块土地以增加注册资本的方式置入,并完成土地使用权转让手续及公司注册资本变更手续,然后再与江中药业完成股权转让,将南昌江中资产全部股权受让给江中药业。

这又是为什么呢?江中集团为什么选择资产注入、再转让股权这样复杂烦琐的方式,而不是直接出售的方式呢?原来,土地使用权属于公司的无形资产,出售无形资产,企业需要缴纳一定的税费。如果江中集团直接将这块土地出售转让给江中药业,那么江中药业需要支付高达一亿元的税费。但是,税法中规定股权转让只需要缴纳营业税即可。这样一来,江中药业就可以节省下一大笔费用支出。

因此,虽然经过了烦琐的方式,但是经过税收筹划,江中集团和江中药业在合法合规的条件下,很大地减轻了税负。这种方式在土地买卖中很普遍，也是很多企业管理者通常会选择的方法。

当然，税收筹划的方式有很多，只要管理者懂得税务管理，真正地了解税法，就可以降低企业运营成本、提高自身的竞争力。比如，管理者可以在投资的时候，选择一些税收洼地，争取更多的优惠政策。诸如在经济特区、沿海经济开发区、经济特区和经济技术开发区所在城市的老市区等特殊区域，如果从事高新技术开发项目的投资，国家都会给予税收减免的优惠政策。如果我们要投资相关产业，就可以有目的地选择这些特殊区域。

再比如，投资托儿所、养老院、婚姻介绍、殡葬服务、医院、诊所等企业，也可以享受免税的政策，进行合理的税收统筹。还有，如果企业对希望小学、贫困山区进行捐赠，或者安置残疾人员，也可以享受税收优惠。

需要注意的是，虽然税收筹划是合法的，是企业的一项权利，但是管理者必须掌握一定的原则和技巧，不能钻漏洞，更不能故意混淆税收筹划和偷税、漏税、抗税、骗税、欠税，否则，不仅无法实现减轻税负的目的，还可能面临法律的制裁，彻底把企业拖入深渊。

总之，对于企业来说，税收是非常重要的，提高税务管理也非常重要。只要管理者真正地了解税收的相关知识，加强对企业税务的管理，那么提高企业经营效益就不再是难题。

第四章

构建团队
——有一流的团队，才有一流的企业

　　管理的真谛在于"理"，而不在于"管"。所以，管理最有效的方法是建立科学合理、合乎人性的规则，让每一名团队成员都自觉地接受约束、自主地投入工作。这就要求管理者能做好带头作用，善于协调、善于激励、善于激发团队的活力，打造出一个行动力和责任心都一流的团队。

① 带团队，关键是带人心

古人常说"得人心者得天下"，这句话在任何时候、任何场合都适用。作为管理者，要想带出一流的团队，就要得到员工的心，让员工和自己一条心，让整个团队一条心。只有管好人心，保证企业的人心稳固，所有人都同心同德，那么团队的战斗力一定会大幅度提升，无往而不利。

当然，人心是相对的，管理者如果只是把员工当赚钱的工具，当成自己花钱雇来的劳动力，或在日常管理时颐指气使，只有命令与指责，从来没有夸奖、关心与帮助，那么得到的也必将是抱怨、隔阂与对立。换句话说，管理者只把自己当领导，把员工当劳动力，怎么能奢望员工把企业当家，付出热情、真心与真诚呢？

想要创建一流的团队，让员工真正心向企业，管理者就必须把员工放在心上，处处为员工着想，关心和体贴员工。

刘尚是一家服装企业的管理者，他从来不把员工当成给自己打工的人，而是当作朋友、家人。尽管工作繁忙，但他还是经常找机会与员工聊天，听取他们的想法、意见，询问他们生活上是否有困难，工作上是否有瓶颈。如果有员工遇到困难，他也毫不吝啬地帮助。

有一个年轻的女孩到企业工作不到一年，就得了很严重的疾病，刘尚不仅按照保险制度给她报销了医药费，还在生活中给予她很多帮助。

有一次，刘尚到车间检查工作，发现一个年轻工人趴在操作台上休息，他没有指责员工偷懒，而是走上前去询问他是否身体不舒服。当了解到员工并没有不舒服，而是因为失恋情绪不佳时，他直接给员工放了半天假，让他去看场电影，散散心。员工回答说不想耽误工作，他则笑着说："我可不想让自己的员工带着情绪工作，你想想看，如果你不能调整好自己的情绪，受影响的肯定是我呀！你犯了错，怎么办？客户有意见，怎么办？这不是因小失大吗？你就当我是为自己着想，才给你放假，好吗？"听了这话，员工瞬间笑了，心情也好了很多。

另外，刘尚能够做到奖罚分明，尤其是员工业绩好的时候，一定按规定发放奖金。拿下了大订单，员工加班加点，他也会给予加班补助、特殊奖励。面对这样的好领导，员工自然会把企业当家，工作效率和工作热情都非常高，也给企业带来了非常好的效益。

所以，管理者需要明白，企业取得的所有成绩都离不开团队的鼎力合作，"笼络好"人心，让员工愿意为企业而努力工作，企业自然也会向好的方向发展。最重要的是，管理者还应该让员工有归属感，增加管理中的"人情味"。

一个人内心有多种需求，为了温饱而努力，是满足最基础的生理需求和安全需求；而情感需求，尤其是实现自我价值才是高级的、能激发出人最大潜力的需求。也就是说，管理者要站在员工的角度，为他们着想，满足他们渴望被肯定、被尊重、被关怀的情感需求，更要满足他们渴望实现自我价值的需求。而想要实现这样的目的，管理者需要多与员工进行有效的沟通，聆听他们的想法，了解他们需要什么。

不妨看看谢尔盖是如何去做的。

谢尔盖的团队最初只有十几个人，办公条件非常简陋，办公场所是一套居民房，破旧而拥挤，同时，员工的薪资待遇也得不到保障。所以，很多员工都萌生了辞职的想法。而谢尔盖也清楚地知道，想要把网站办下去，就必须留住自己的员工。

为此，他走访了很多同类型的公司，发现那些程序员、工程师工作时都异常忙碌，几乎不抬头，就连午饭都没时间去吃，只能拿着三明治应付。因为所有公司处境都困难，根本没有条件为员工准备午餐。他的公司也是如此。

看到这样的情况，谢尔盖想到一个好办法，用一部分股份聘请了一位优秀的厨师，专门为员工制作午餐、晚餐，而且要求味美、花样多。这名厨师也是认真又有想法的人，时常更新菜单，为所有人准备美味的餐点。

也正因为这样，谢尔盖成功地留下了员工，因为他们在这里有了归属感，可以感受到家的温馨。之后，随着互联网的兴起，谢尔盖的公司迅猛发展，成为世界上最著名的搜索引擎公司之一。没错，它就是Google，而在公司做大做强之后，谢尔盖也没有放弃为员工带来归属感。在公司的办公区，有热带雨林的布景，有悠闲娱乐的区域，有专门的酒窖，还有阅读室、高级沙龙。同时，公司还提供免费的班车和渡轮服务，接送员工上下班。哪一个员工不愿意选择这样的公司，哪一个员工能不全心全意地工作呢？

带团队，关键是带人心。人心是最难得到的，同时也是最容易得到的。只要管理者能对员工付出真心，将心比心，给予关心与体贴，同时让员工找到归属感，那么做到了这一点，管理者也就掌握了打造一流团队的钥匙。

❷ 好的管理者，都是带头者

《论语》中有这样一句话："其身正，不令而行；其身不正，虽令不从。"意思是如果管理者为人正直，以身作则，不用下达命令，下属都愿意听从；可是如果管理者不能起好带头作用，反而严格要求下属，恐怕很难让员工听从命令。因此，作为企业管理者，想要带好团队、管理好企业，就必须以身作则、带好头。

换句话说，管理者是否有威严，并非看他说什么，而是看他做什么。行为本身就是一把尺子，员工通常都会关注这把尺子，并且用它来衡量自己。管理者身先士卒，满怀热情地投入到工作中去，遇到困难或危险始终冲在最前面，员工肯定也能做得更好；管理者不搞特殊化，自觉地遵守规章制度，员工自然也会对他的行为心生敬意，进而严格执行规章制度，不会存有一丝侥幸。而拥有了这样正直作风的领导和员工，企业怎么会不发展壮大呢？

一家很有影响力的民营企业，创始人学历不高，但是员工大多是海归、博士，或者本科毕业的大学生。这位管理者是如何管理这些高学历的员工呢？方法就是以身作则。他不懂什么叫作领导力，但是工作中出现问题，他会主动地承担责任，会在所有员工的面前检讨自己，并且在之后的工作中不断改进、提升。

他之前脾气很不好，行事冲动，时常对员工发脾气。但是管理企业之后，他总是告诫管理层要和蔼地对待员工，不能做事太冲动。他这样要求下属，也这样要求自己。每次快要发脾气时，他都会闭上眼睛深呼吸十次，等怒火平息之后才与下属沟通；每次做决策前，他总是三思再三思，征求下属的意见，避免因为冲动而造成不可挽回的损失。

他以前很喜欢抽烟，但是公司制度规定不允许在办公区域抽烟。他特意在员工大会上说："我之前喜欢抽烟，也时常在办公室抽烟，作为领导者，这种行为是不对的，违反了公司的制度。从现在起，我率先遵守规章制度，希望大家也能做到。"之后，他说到做到，为员工起到了很好的表率作用。

后来，企业请专业人士对员工进行培训，这位管理者也向专家请教管理公司的方法。当专家得知他是如何管理公司时，说："您已经是位合格的管理者了。管理的难处就在于领导员工，这与管理者的领导力息息相关，而领导力的关键就是以身作则。因为您总是起到带头作用，所以员工也受到您的影响，愿意接受您的管理。"

没错，管理者如果能为员工树立一个好的榜样，起到带头作用，那么自然就会有影响力和领导力。因为，不管什么时候，行为永远都比空喊口号、下达命令更有说服力。

由此，我们可以看出，一名优秀的管理者不只是高高在上的"大人物"，不只是发号施令的"领导者"，而是应该成为员工的带头者，带领所有人选择正确的方向，再身先士卒，去拼搏、去努力。当遇到问题、困难或风险时，在所有下属和员工都茫然不知所措的时候，管理者不能只是要求员工应该去做这个或做那个，而是自己率先去行动，带领所有人去解决问题、克服困难。这样一来，再难过的坎儿，企业也能安然迈过。

王浩是一家电子生产企业的管理者，他是从基层做起，经过十几年的打拼，一步步升为部门主管、副经理，最后被任命为经理。在他的管理下，企业业绩连连攀升，员工也是干劲十足。那么，他有什么管理秘诀吗？其实就是以身作则。

王浩很少坐在办公室里"指点江山"，而是在完成日常管理工作后，亲自到流水线上了解产品的生产情况，争取把每一个工作细节都了解透彻。开拓市场的时候，他与销售部门一起，参与到调研、宣传的工作之中。

有一次，因为原料供应等原因，导致产品生产出现问题，无法如期完成客户的订单。他并没有一味地责怪相关负责人，而是与下属一起想办法，一边寻找新的供货源，一边积极与客户进行协商，最终及时地解决了问题，为公司避免了巨大的损失。正是因为员工看到了王浩的身先士卒，所以即使加班加点地赶工也毫无怨言，有的员工还主动提出了加班的申请。

美国女企业家玛丽·凯曾经说过这样的话："经理作为一个部门的负责人，其行为受到整个工作部门员工的关注。人们往往模仿经理的工作习惯和修养，甚至可以说是复制，不管其工作习惯和修养是好还是坏。"在日常管理中，她也非常重视领导者与管理者的表率作用，提倡管理者用自己的行动感化和带动员工，正因为如此，在她的企业中员工的工作热情非常高，而她的管理工作也非常轻松。

现在你知道应该如何去做了吗？没错，做好企业的带头人，不管什么时候都以身作则、身先士卒，只有这样才能成为睿智的管理者，并且带领团队创造辉煌。

❸ 化解冲突，把员工都拧到一起

因为成员个性上的差异，每个团队中都可能产生这样那样的冲突与矛盾，而冲突与矛盾一旦出现，就会成为团队中的不和谐因素，造成内耗，严重时可能影响工作效率。因此，作为一名成功的管理者，要平衡和协调员工之间的关系，及时妥善地解决这些冲突与矛盾。

只有稳定的团队，凝聚力才能得到不断增强，战斗力才能不断提升。可以说，稳定性是团队得以发挥力量的关键性因素，如果缺乏了稳定性，团队成员之间即使不发生大的矛盾，小的冲突肯定也会不断，那么，企业的长足发展就无从谈起。

然而，很多管理者的业务能力非常突出，有能力、有想法，但却不擅于处理人与人之间的关系。当团队中出现一些问题的时候，他们总是采取冷处理的方式，希望能"大事化小，小事化了"，甚至完全置身事外，把解决问题的主动权交给团队成员。然而，事情常常没有按照他们的想法发展，矛盾反而不断激化，小冲突变成大矛盾；个人之间的冲突变成小团体之间的矛盾，团队变得不稳定，同时还充满了不和谐性因素。

这就像是人生病一样，本来只是因为感冒而嗓子发炎，只要吃点消炎药就可以。但是病人却坚持不吃药，任由它发展，最后发展成肺炎，只能输液或住院治疗。有冲突不可怕，只要管理者能直面问题，及时巧妙地解决，避免矛盾继续发展下去，那么，问题最终一定能得到妥善解决。

我们来看看下面这个例子。

福特汽车的一家分工厂因为管理不善，业绩始终都很差，面临倒闭的危险。为了化解危机，总公司派去一位新的管理者，希望他能找到症结所在，帮助这家分厂脱离困境。经过一番走访和调查，新管理者发现了问题的关键，工厂规模比较大，有几千名员工，但是流水线却像是一道屏障隔断了员工之间的交流。所以，就算员工在一起工作了好几年，也没有建立起良好的关系，甚至员工之间都很陌生，也没有任何交流。

原来，以前的管理者为了提升业绩，挽救濒临倒闭的工厂，制订了严苛的制度，同时还要求员工加班加点地工作。在极度疲惫和压抑的情况下，员工的情绪变得非常糟糕，为了一点小事就能与同事吵起来，导致车间内总是摩擦不断。而中层与员工的关系也非常紧张，为了完成上级布置的任务，中层也加大了"监督"力度，导致员工抱怨连连。

面对这样的情况，管理者不但没有及时解决问题，反而进行了简单粗暴的压制，规定谁"闹事"、谁不按照规定完成任务就会受到处罚。最终，不仅没有提高工作效率、化解员工之间的矛盾，反而使工厂陷入了混乱中。

了解了情况之后，新管理者立即采取了一项措施：所有员工的午餐由工厂的食堂负责，目的是希望可以利用员工休息的时间，增加彼此之间的交流。同时，管理者还组织聚餐，亲自下厨为员工做拿手菜、烤肉，了解员工的需求，化解员工之间的冲突。经过改进，工厂的气氛变得和谐了，大家的工作积极性提高了，还献计献策，讨论如何齐心协力帮助工厂渡过难关。在新管理者的引导下，员工也意识到工厂到了生死存亡的时刻，所有人都摩拳擦掌，为挽救工厂而努力。

两个月后，工厂重新恢复了生机；五个月之后，工厂业绩开始上升；一年后，这家分厂已经实现了突破，业绩在所有分厂中名列前茅。

作为管理者，我们需要正确对待企业内部的冲突和矛盾，不要抱有这样的想法："有冲突也没关系""都是小问题，放一放就好了"，结果问题越来越严重。冲突，不会自动消失；问题，也不会自己解决。不管遇到小冲突还是大矛盾，我们都需要主动找到症结所在，积极地解决，这才是正确的管理团队之道。

当然，这需要管理者从全局出发，学会协调，懂得制衡，协调好员工之间的关系，让员工能团结在一起，把力量和心都拧到一起。同时，在解决冲突和矛盾时，管理者不能简单粗暴，以领导自居，对员工进行压制，否则只能适得其反。即便员工迫于权威，表面上握手言和，但内心还是彼此厌恶、憎恨，结果可能更糟糕。只有协调和制衡并举，才能形成凝聚力。

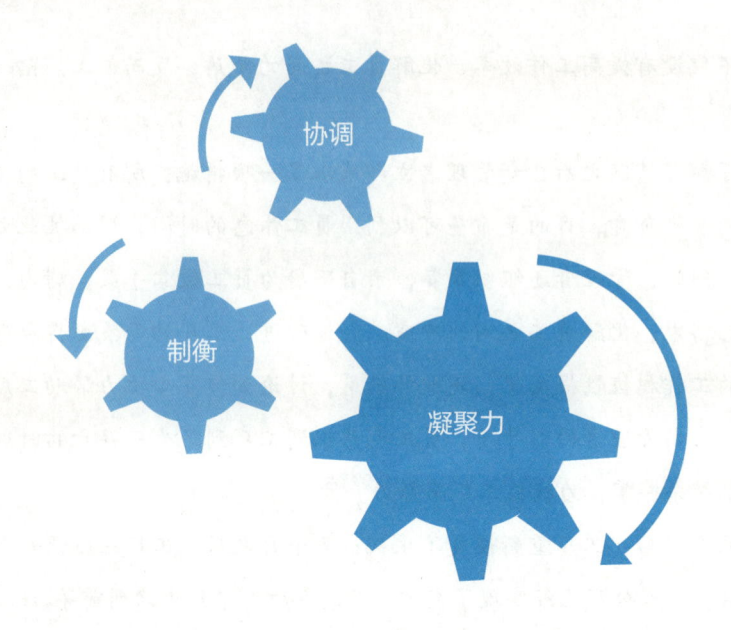

图 4-1　协调 + 制衡 = 凝聚力

企业中的矛盾和冲突并非都是恶性的，也有的是良性的。前者会影响团队的稳定与和谐，而后者不仅不会影响同事之间的关系，还有可能会促进员工之间的交流，提高员工的工作积极性。因此，管理者要具体问题具体分析，对于恶性冲突，尽早解决；而对于良性冲突，则要善加利用，来增强团队的凝聚力，提高团队业绩。

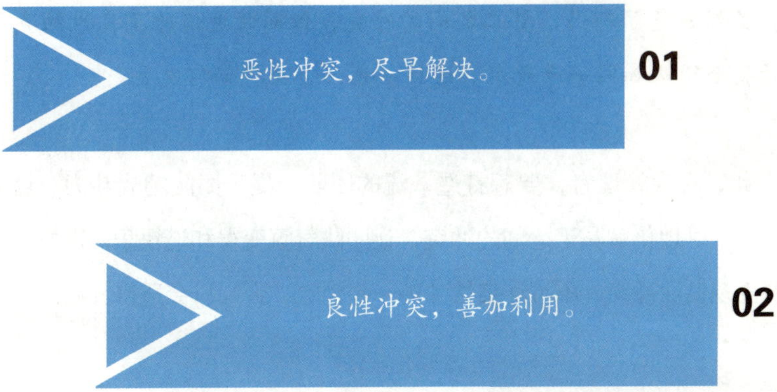

> 恶性冲突，尽早解决。 **01**

> 良性冲突，善加利用。 **02**

图4-2 管理者如何解决冲突

一家服装公司在成立之初，不仅缺少资金、员工人数少，也没有市场，可是凭借管理者的头脑与远见，终于推出了自己的品牌，打开了知名度，在市场上占有了一席之地。后来，经过几年的努力，这个品牌在市场上深受消费者的喜欢，只要一推出新款，就会引发消费者的抢购。

但是，管理者并不满足目前所取得的成就，他具有长远的眼光，认为随着公司的不断发展，需要对原有的生产模式进行调整。为此，他花重金聘请了专业的管理人才，对企业进行改革。原以为形势会一片大好，结果却事与愿违。聘请的新管理者进行了一系列改革，将公司的决策权牢牢把控在自己手中，而且事无巨细都要亲力亲为。就连很多基层的工作，甚至保安队伍中出现的问题也要向他汇报。

慢慢的，企业上下在新的管理者上任后冲突少了，部门主管只是听令行事，员工与员工之间的讨论也消失了。因为，只要任何员工有不同的想法，就会被新的管理者批评。这导致了公司的业绩直线下滑，直到这时，公司高层才意识到问题的严重性，随即立刻恢复了之前的管理模式。

或许这位新的管理者认为，大权集中在自己手里，企业就掌控在自己手中了，这样就会减少甚至消除矛盾和冲突。然而，消除企业内部的层级关系，虽然避免了部门、员工之间的冲突，但同时也消除了良性的竞争，这导致整个团队如同一潭死水。这样一来，企业将如何发展？

因此，作为管理者，要想打造一流的团队，提升团队的战斗力，就需要学会正确及时地化解员工之间的冲突，让团队气氛变得和谐快乐。同时，管理者还要重视良性冲突，不可连良性冲突一起消除，否则只会适得其反。

4 让竞争激发团队的最大活力

鲶鱼效应告诉我们，有了竞争，人们才能感受威胁的存在，才能不断地提升自己，将自己的潜力发挥到最大；没有竞争，人们就会变得安逸、懒散，不管是身体还是心灵都越来越懒惰，毫无进取心，甚至变得麻木。

没有竞争，人就失去了动力，从而停止了进步和发展。在团队中，更是如此。企业的员工如果缺乏竞争，自然也就失去了活力与激情，产生惰性及消极的情绪。久而久之，工作效率降低，思维僵化，进而使得整个企业内充斥着懒散的氛围，没有活力，没有热情，经受不住任何打击。

很多人在心理上都具有攀比性，都希望拥有比别人更优越的地位。管理者应该很好地利用员工的这种心理，在企业中引入竞争机制，让员工明白竞争对象的存在，这样就可以激发他们的工作热情，这不仅仅是为了员工的个人成长，更是为了激活团队的活力，否则企业终有一天会被市场淘汰。

一家老牌企业经过长期的打拼，建立了深厚的根基，但是同时也出现了各种问题。尤其是在管理上，因为用人机制不灵活，导致员工年龄结构老化，员工缺乏工作的激情和积极性，更缺乏竞争意识与创新思维。这使得企业逐渐在市场竞争中败下阵来，品牌效应还在，可是产品吸引力、市场占有率都有大幅度的下滑。如果再不进行改革，恐怕企业在不远的将来就会因为无法适应市场竞争的要求，面临被淘汰的危险。

为此，管理者开始对企业进行改革，引入了全员竞争的激励机制。在公司内部网络上，管理者发布了一则信息：进行岗位竞聘，要求全员竞争上岗，优胜劣汰；同时引进年轻、有才华和高学历的员工。尤其是中层管理上，管理者一方面拓展年轻员工晋升的渠道，鼓励大批年轻人去竞争上岗；一方面从竞争对手那里招徕有经验、有才华的人，让那些思维上有惰性的员工感到危机的来临。在具体实践中，管理者摸索出了一套符合企业自身实际情况、可操作性较强的新方法，不仅允许员工自由选择应聘岗位，还以岗位需求为标准选择合适的人才。同时，管理者还建立了长效考评机制，让员工用业绩说话，确保竞争上岗的延续性和有效性。

通过这一系列改革，员工的竞争意识得到极大的激发，积极性和主动性都得到了提升，这使得企业又重新获得了生机。很快，工作氛围变得活跃起来，员工的情绪也逐渐高涨，企业的发展又重新回到轨道上来了。

在鲶鱼效应中，沙丁鱼如果没有竞争者鲶鱼，就会失去生命力，变得不愿游动。企业也不例外，员工之间缺乏竞争，缺少"威胁"的存在，那么就会出现懒惰、效率低下的情况。在这样的环境中，每个人都没有压力，干得好坏结果都一样，干与不干结果都一样。那么，谁还愿意努力呢？

可以说，不管是个人还是企业，都是在竞争中不断进步、不断走向成功。企业应该引入竞争机制，"鲶鱼"可以是外来的，也可以是内部的，只要能提高员工的工作热情，激发团队的活力，那么对企业的发展就是有利的。

"流水不腐，户枢不蠹。"在没有竞争的企业中，员工自然不会有上进心，也不会去动脑筋、想办法、寻求突破。但是如果引入了竞争机制，让"鲶鱼"来刺激他们、追赶他们，时刻提醒他们"物竞天择，适者生存"，那么员工就会不由自主地斗志昂扬起来，从而使团队获得极强的战斗力。

　　松下公司也有很好的竞争机制，管理者每季度都召开一次讨论会，各部门的经理能清晰地看到自己部门和其他部门的业绩，明确自己所处的位置，以及与其他部门的差距。会议开始前，管理者会按照各部门的业绩，把部门分为A、B、C、D四个等级。哪个部门都不愿意落后，谁也不愿意承认自己和团队能力有限。于是，一些业绩落后的部门经理就会动员员工努力工作，争取下一次取得更好的业绩。而等级较高的部门，为了不被超越、始终保持领先的地位，也是费尽心思，不断地提高工作效率。这样一来，松下公司的各部门之间你追我赶，谁也不服谁，谁也不愿意落后，每个部门、每一名员工都积极努力地工作，从而保证了工作效率的不断提高，企业效益也随之不断提高。

　　同时，为了激发各部门的积极性，管理者还会根据每个月的工作评比，给予员工相应的奖励——部门完成利润的40%由部门自己进行支配——更换、扩充设备或作为部门员工的福利。工作积极性越高，部门完成的利润就越多，员工所能得到的福利也就越多，因此，这也促使所有员工为了自己的利益而拼命地工作。

　　正如麦格雷戈所说，个人与个人之间的竞争，是激励的主要来源之一。管理者应该引入竞争机制，让竞争成为激发团队活力的关键性因素。这正如为员工设下一个擂台，让他们互相激励、互相较量，同时想办法超越竞争对手。

　　当然，管理者需要注意一个问题，那就是不管采取什么样的措施，都要保证竞争规则的科学性、合理性，以及执行规则的公正性，确保员工进行良性的竞争，而不是恶性竞争。一旦竞争变了味，员工为了晋升、奖励、业绩而钩心斗角，或者分帮结派，结果只会使团队大伤士气，根本无法为企业带来良好的发展。

⑤ 合理搭配，优化团队中的1+1＞2法则

一名优秀的管理者善于发掘人才，能够让每一名员工都在自己的岗位上发挥出最大的潜力与才能。同时，他还善于统筹搭配，能够使团队发挥出最大的效能，实现1+1＞2，甚至1+1＞3的效果。

企业的员工少则十几人，多则上千人，如何才能合理地安排好人才呢？这就需要管理者了解员工的优势、劣势，让每个人都能够人尽其才、各尽所长，同时做到巧妙组合工作团队，做到人才的优势互补。

可以说，在企业中，我们管理的对象是人，所以作为管理者来说，善于用人、进行合理的人才调配是非常重要的。反之，不善于管理的管理者，虽然能识别人才、重用人才，但是因为缺乏大局观，或者用人不当，导致力量相互抵消，最后只能得到1+1＜2的结果。

宋杰是一家公司的管理者，白手起家。公司最初只有十几名员工，每个人做的事情都很繁杂，哪里有需要就去哪里，需要掌握什么技能就学什么技能。后来，公司慢慢发展，成为一家很有实力的公司，宋杰任总经理，下设好几个部门，每个部门都有几十名员工。

随着宋杰的能力的提高，观念也随之发生了改变。在他看来，只凭借自己的经验和头脑，绝对不可能把企业做大做强。于是，他开始重视人

才的引进，尤其是高学历人才的招聘。宋杰很快就招聘到了好几位高端人才，并且很快就把他们分派到各个岗位上去，同时还充分做到了授权。

宋杰本以为公司业绩会突飞猛进，可是没过多久，他就发现事情并没有按照他设想的那样发展。公司业绩不仅没有得到大幅度提升，两位很重要的员工还提出了离职的申请，其他人的工作热情也不高。通过详细的调查，问题的症结找到了。这些人才的确有真本事，也有自己精通的领域，但宋杰并没有做到人尽其才，他把他们安排到了不合适的岗位上，使得团队的力量削减。

后来，宋杰与这些人才进行了深入谈话，重新为他们安排了岗位。调整之后，效果很快就显示出来了。当宋杰看到这一点时，不由得感叹："并不是引进最好的人才就能壮大企业，想要让企业更快地发展，就必须对人才进行合理搭配，让每个人都发挥出自己最大的潜力。人尽其才，让团队实现1+1＞2的突破，才是真正的用人之道。"

没错，团队之所以更有力量，是因为每个人把力量都发挥到极致。一个百人团队发挥的作用，要比一个人单兵作战的效果强大很多，也要比一个人连续工作100天的效果强大很多。这就是团队存在的意义。

因此，作为管理者，在组建团队的同时，也要实现团队成员力量的正向叠加，发挥出1+1>2甚至1+1>3的效果。如果做不到，那么即使单个队员的能力再强，组合在一起，也会相互掣肘，甚至出现能力相互抵消递减的情况。对于一个团队来说，如果得到1+1＜2的结果，那么团队也就没有存在的意义了。

事实上，现实中存在很多这样的例子。十多年前的英格兰国家足球队非常优秀。2006年的德国世界杯,所有人都对英格兰队充满了信心,一些球迷还非常自信地认为球队能冲顶冠军,并且宣称这支英格兰队是历史上最强的阵容,从前锋到后卫,每一个位置都是实力球星,甚至在世界足坛上有举足轻重的地位。

然而,事情并非如此。从第一场小组比赛开始,英格兰队就步履艰难,虽然赢得了比赛,但是过程很艰辛,丝毫没有展现出强队的风采。而在八分之一决赛中,英格兰队更是输给了葡萄牙队,止步世界杯赛场。

为什么如此强大的球队会有如此糟糕的表现呢?经过专业人员分析,原来是中场人员的搭配出了问题,导致中场表现不佳。左前卫乔·科尔和右前卫贝克汉姆的配置是没有问题的,但是前腰的兰帕德和后腰的杰拉德以及哈格里夫斯的搭配却有很大的问题。因为兰帕德和杰拉德在自己的俱乐部都是踢前腰位置,两人的风格相同,踢法也相差无几。在比赛的过程中,两人都想要进攻,从而忽视了防守,以至于防守出现了很大的漏洞。面对对方球员的进攻,后防线变得十分脆弱,不仅无法让前锋有得球的机会,也让自己的大门失去了屏障,暴露在对手面前。

正是因为主教练看中了兰帕德和杰拉德的进攻能力,而忽视了他们的防守劣势,导致强强相加并没有得到预期的效果,反而造成了1+1<2的局面,使得英格兰队遭遇惨败,成为当时的足坛笑柄。

所以说,人员配置不合理,对于团队的打击非常大。管理者如果不希望企业成为松散、消极、战斗力低的团队,就必须从全局考虑,做到巧妙地组建团队,使得人尽其才,同时保证团队的和谐。

这种和谐,指的是团队的每一名成员都有适合自己的位置,能够各施所长，能够各得其所。同时，也需要管理者协调好员工之间的关系，使他们之间的工作关系和私人关系都变得融洽，没有不必要的矛盾与摩擦。

⑥ 会授权，是管好团队的关键

好的管理者，要去管人，但是也要去授权，把权力下放给员工，充分调动他们的主观能动性。选择合适的人，让他们在监督下充分行使权力，而不是大事小事都自己过问，如此才能给那些真正有能力又有责任心的员工机会，让他们更愿意围绕在管理者身边，更愿意做好工作、管理好部门。

美国著名管理顾问比尔·翁肯有一个非常有趣的理论——背上的猴子。这只"猴子"就是指企业中成员的职责，而"背"就是指管理者的职责。在日常管理中，管理者分配给成员不同的"猴子"，员工做自己应该做的事情，当然也行使自己的权力。

在这个过程中，员工能够出色地完成任务，那么"猴子"就是匹配的，企业也会快速、健康地发展。如果员工不能很好地完成任务，那么"猴子"就没有履行好，这样会导致企业出现各种问题。显而易见，企业的发展良好与否，直接掌握在团队成员的手里。

如果管理者发现企业出了问题，导致员工无法完成自己的工作，管理者就会担心他们照顾不好"猴子"。于是，管理者便迫不及待地收回这些"猴子"，亲自来"喂养"，确保"猴子"万无一失。结果呢？尽管他们的出发点是好的，但是因为过分地亲力亲为，不能把权力下放给下属，使得自己身上的担子越来越重，每天都忙得焦头烂额，效率却并不高，甚至还可能出现"丢了西瓜捡了芝麻"的情况。要知道，管理者是企业的决策者，主要负责战略的制订、重大事务的处理，如果被一些琐事牵绊，那么就很容易因小失大。

同时，因为下属只听命令行事，不再思考如何才能更好地完成工作，如何才能让"猴子"变得更匹配，那么就会失去独立解决问题的能力，失去了主动担起担子的责任心与积极性。即使企业出了问题，下属也只会消极等待，心想"反正有领导的安排，怕什么！""领导没给我权力，如果我自作主张，岂不是费力不讨好！"如果人人都有这样的想法，企业怎么可能有好的发展，团队又怎么能有强大的战斗力呢？

因此，管理者不但要有智慧，也要有授权的意识。不要把所有权力都握在自己手中，更不要事必躬亲，而要建立健全的授权制度，让每名员工都有自己的工作职权，让他们为自己的权力负责。

当然，授权并不是把所有的权力都下放，任由下属、员工按照自己的意愿去工作。管理者也要保证权力的平衡，做到大权紧抓、小权下放。准确地把握好授权尺度，管理者才能让自己的工作变得顺畅；充分地调动下属的积极性，才能培养出一批又一批有能力、有责任心的好帮手。

张思勇是一家公司的部门经理，一直以来他对自己的要求都十分严格，认为管理者必须懂得如何驾驭下属，带动员工认真地工作。为了让团队更团结、更积极，他认真负责、事无巨细，要求所有员工都必须征求自己意见后才能开展工作。这种方式，不但没有把员工的积极性带动起来，也没有让员工更团结。相反，所有人的激情都降低了，部门业绩也变得越来越差。

张思勇感到了巨大的压力，他不明白自己已经如此努力了，为什么事情却不朝着他期望的方向发展。无奈，他只能提出辞职，总经理认为他是一个有责任心，也很有能力的人，不明白他为什么带不好团队。于是，总经理进行了深入调查，了解事情缘由后把他叫到办公室。

总经理问："你递交了辞职信，能告诉我是什么原因吗？"

张思勇说:"我感觉自己能力有限,虽然做了很多努力,但是员工的状态依旧不好,业绩也不断下降。"

总经理笑了笑说:"是的,你很努力,问题就在于你太努力了。不妨想一想,如果我把你的工作都做了,而且每天都过问你给每名员工都安排了什么工作,详细地告诉你必须如何展开某一项工作,结果会怎样?"

张思勇思索了一会儿,没有说话。

总经理继续说:"你要记住,不懂授权,你只能自己累到死,而且还不利于激发团队的积极性。管理者要指挥、管理员工,但是也要学会放手,懂得如何把工作、权力下放出去,让员工独立自主地去工作!"

张思勇接受了总经理的建议,让自己慢下来,把一些工作和权力交给有能力的员工。果然,这样做了之后,自己轻松了不少,有时间和精力思考一些重大的问题,而员工的积极性明显提高,能力也得到了充分发挥。短短一年,部门业绩飞速提升,员工获得了丰厚的年终奖。

因此,想要企业更好地发展,想要团队更富有活力与战斗力,授权是必不可少的一步。但是授权不等于放任,管理者必须要把握好尺度,同时做好科学的监控。也就是说,授权后,管理者要关注员工职责的履行状况,发现偏离目标或要求的具体问题,就应该及时进行干预和纠正,这样才能朝着既定目标前进。

同时,管理者还必须保证权力不被滥用,以确保团队的凝聚力。这就像放风筝一样,管理者手中牵着一根线,时时往回拉线,才能将风筝放得更高。

图 4-3　授权不等于放任

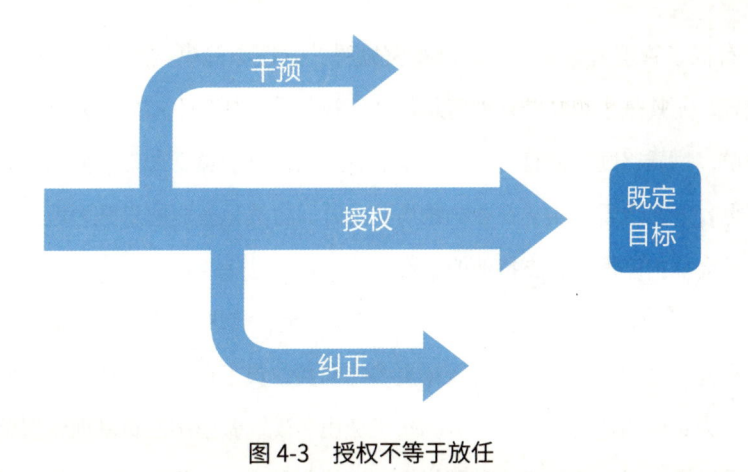

7 管理者会奖励，员工就会更卖力

弗朗西斯曾经说过："赶着员工跑是技术，让员工主动跑是艺术。"怎么做才能让员工主动跑呢？最有效的方式就是奖励。事实上，奖励，不管是物质上的还是精神上的，都能够满足员工内心自我成长和发展的需求。当这种需求被满足时，就会转化成努力工作的动力，从而使团队的工作更高效。

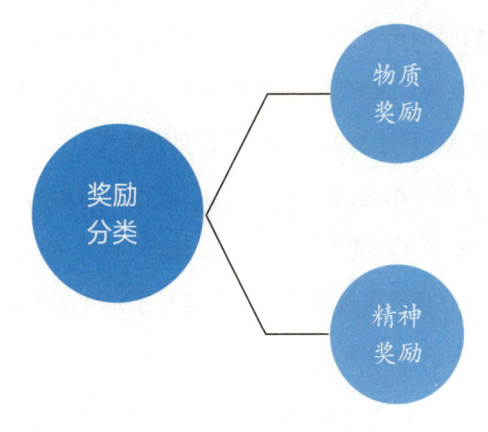

图 4-4　奖励分类

有很多管理者会说:"不就是奖励吗?这还不简单。"然而,相当多的管理者,尤其是小企业的管理者总是会忽视奖励,甚至不知如何去奖励员工。不用说,物质奖励是最直接的,也是最有效的。对于员工来说,最基本的需求是获得收入,当看到实实在在的物质奖励时,自然也就更愿意努力地工作了,同时还会拥护管理者,支持他的工作。

物质奖励的主要组成部分包括工资和奖金,管理者通过合理的工资晋升渠道和奖金发放标准,让员工获得更多的利益,员工也会为了切身利益而努力工作,为企业创造更多业绩。因为员工突出表现、做出杰出贡献而设置奖励,不仅可以激发员工的上进心和积极性,还能刺激团队内部的良性竞争。

某家著名的软件分析公司的管理者就非常重视对员工的物质奖励,而这一举措不仅调动了员工的工作积极性,还为公司留住了重要的人才,使得公司的人才流失率始终保持在4%以下。这个数字可以说是惊人的,因为在软件市场劳动力紧缺的情况下,人才流失的问题非常严重,同行业人才平均流动率高达20%。在这家公司,员工能够获得物质奖励,而且管理者又善于与员工进行沟通,让所有人都能够和谐相处,所以大多数员工都愿意为公司效力。

因此,如果想要让员工主动跑起来,并且愿意努力地工作,管理者就应该给予他们相应的奖励。或许奖励会增加运营成本,但是它也直接影响着管理者的工作成果。那么,什么样的行为值得去奖励呢?

这需要管理者制订相应的标准,比如,业绩上有新的突破,获得了重大的项目,或为公司解决了严重的问题,都应该给予一定的奖励。即使一名员工的行为并没有让企业获得直接收益,但是维护了企业的形象,也应该给予奖励。我们来看看下面这个例子。

某电脑公司的一名员工，有一天在华强北电脑城闲逛时，无意间听到一位顾客正在和销售员吵架，而争吵的焦点就是自己公司制造的电脑。原来，这位顾客购买了一台电脑，回去后对某些方面不是很满意，于是想退货。这样的理由，自然遭到了销售员的拒绝，两人便争吵起来。

了解了事情的来龙去脉后，这名员工并没有袖手旁观，而是亮明自己的身份，主动帮客户解决问题。在他的帮助下，顾客满意地拿回了电脑，还特意写信给电脑公司总经理，夸奖了这位员工认真负责的态度。总经理看了表扬信之后，立即在公司召开会议，号召大家向这名员工学习，并且为他颁发奖励证书。

这个奖励证书，可以说实至名归，因为这名员工不仅维护了自己公司的品牌形象，也提高了客户对公司产品的满意度。如果他不去解决问题，顾客肯定会不依不饶，不仅不满意销售员的服务态度，还有可能批评这家公司的产品。如果事态进一步扩大，势必会对该品牌产生不良影响。

由此可见，在奖励员工的时候，还要会奖励。如果员工的行为并没有为企业带来短期效益，但是从长远来看，能够持续带给企业正能量，能够维护企业的声誉和形象，就必须给予特殊的奖励。与此相反，虽然员工的行为为企业带来了效益，但是从长远来看，却为企业埋下了定时炸弹，那么就不应该奖励，而是给予处罚。

同时，不管奖励是物质的还是精神的，管理者都应该注意时效性，及时给员工发放奖金，及时给予荣誉称号，或者开表彰大会公开表扬，对员工来说，这样做有着非常重要的意义，意味着员工的行为得到了肯定，能够激发员工更加努力地为企业创造价值。

第五章

管理就是沟通——
没有有效的沟通，就没有所谓的有效管理

前美国通用电气公司CEO杰克·韦尔奇曾说过："管理就是沟通、沟通、再沟通，没有沟通就没有管理。"可以说，沟通是企业的大动脉，能够为企业输送足够的氧气和养分。如果沟通被切断或沟通不畅，那么再强大的企业也会陷入混乱中，从而面临失败。因此，作为一名企业管理者必须掌握高超的沟通技巧，提升自我沟通能力。

❶ 有效沟通，80%都来源于倾听

很多人认为，沟通的关键在于说，只有多说话，才能让别人了解自己的想法，进而实现有效的沟通。于是，这些人在沟通中总是滔滔不绝，只顾着自己说话，却忘了倾听。尤其是管理者，平时习惯于在会议上讲话，听不到或不愿意听员工说话，久而久之也就忽视了倾听。

实际上，这是一种认知偏差，只注重说，沟通不仅达不到预期效果，甚至还会适得其反。不善于倾听，不愿意倾听员工的声音，也就得不到有效的反馈，自然也就很难发现管理中的诸多问题。比如，员工的一些意见，通常都是一些有价值的信息，或对产品推广有帮助，或对技术升级有价值，而忽视了这些信息，企业有可能会失去一些好的机遇。再比如，员工的一些抱怨和牢骚，可能体现了他们内心真实的需求，或者代表了他们对企业管理的不满，听不到这些声音，就很容易出现问题。

因此，管理者想要有效的沟通，就一定要先学会倾听，学会从下属、员工那里听到对我们有用的信息。这是一名优秀管理者的必备素质。

玛丽·凯·阿什是美国最成功的女性企业家之一，也是玛丽·凯化妆公司的创始人和管理者。她曾经说过："倾听，是我坚持的最有效的管理手段之一。"在日常管理工作中，她时常抽出时间聆听下属的想法，并且还会做好详细的记录；她善于倾听员工的建议和意见，总是鼓励所有人都畅所欲言，同时也会在规定的时间内给予答复和处理意见；为了研发出更贴近客户需求的产品，满足客户的购买欲，她建议销售团队积极听取顾客的建议。正是因为如此，企业效益在同行业中一直遥遥领先，并且深受客户的喜欢和拥护。

需要注意的是，倾听是一种手段，也是一种智慧，它需要一定技巧。作为企业管理者要掌握倾听的技巧，而不是只是听，因为那样对于沟通和管理并没有太大的帮助。我们需要有目的地倾听，识别他人思想，获取有价值的信息；确定说话者动机，区分话语内容性质，从对方的陈述中区分出哪些是抱怨，哪些是偏见，哪些是中肯的意见；设身处地站在对方的角度思考问题，理解说话者的情感，帮助对方消除负面情绪，并且协助其找到解决问题的方法。

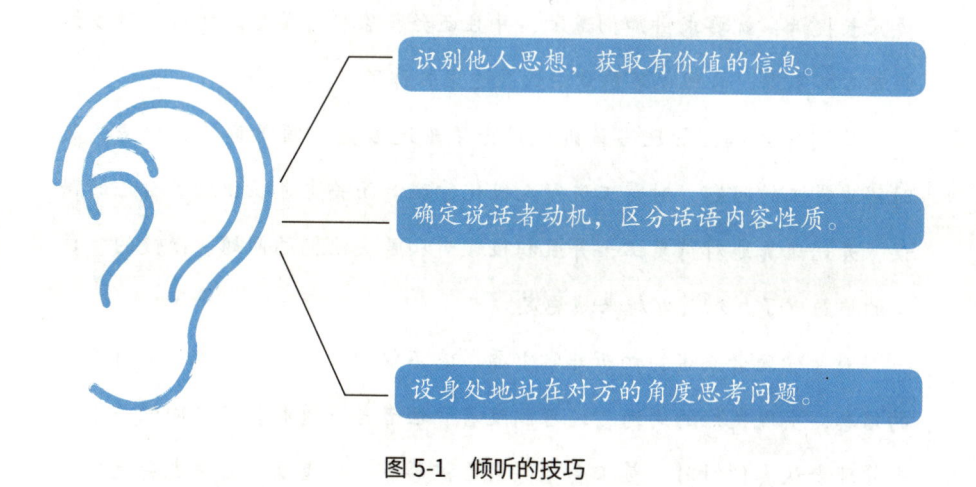

识别他人思想，获取有价值的信息。

确定说话者动机，区分话语内容性质。

设身处地站在对方的角度思考问题。

图 5-1　倾听的技巧

倾听的方式有很多，最重要的是用心、耐心，与员工进行双向的、有效的沟通。而这不是只靠"说"就能得来的。

我们再来看看下面这个案例。

关杰是一家培训机构的管理者，可是管理工作做得并不顺利，员工的流失率非常高,有很多讲师工作不到半年就辞职了。员工的流动性大,对于企业的发展是非常不利的。为此,关杰特意聘请了一位企业管理咨询师,希望他能帮助自己找到问题的症结。

这位管理咨询师在关杰的培训机构观察了一个星期之后就发现了问题之所在,管理者从来都不倾听员工的意见,也不善于协调员工关系。比如,企业规定,管理者要定时找员工谈心,了解他们的思想动态,但是关杰从来没有这样做过;讲师提出自己的意见,关杰也很少耐心地倾听,更没有给出合适的解决方案。

更关键的是,有时一些学生的家长会投诉讲师,这些投诉大多是不合理的,有的甚至可以说无理取闹。可是关杰从来不给讲师解释的机会,只要家长投诉,就要求讲师们道歉,并且还会扣除当月奖金。所以,很多讲师都心怀不满,自然也不愿意继续在这里工作了。

找到原因后,管理咨询师还提出了改进方案:倾听员工的抱怨,及时解决员工的问题,对员工进行人性化管理。而关杰也认识到了自己的错误,开始认真地对待员工,并且积极倾听和解决他们的问题。慢慢的,员工的抱怨少了,人员也越来越稳定。

对于管理者来说,倾听非常重要。它不仅能让管理者获取很多有价值的信息,实现良好的沟通,还可以改善管理者与下属和员工之间的关系。当管理者认真倾听时,员工会觉得自己被尊重、被重视,自然也会更信任管理者,进而更积极地支持他的工作。

正如俄国作家伏尔泰所说:"耳朵是通向心灵的道路。"善于倾听的管理者,才是优秀的管理者,这样的管理者往往能得到下属和员工的心。

当然,倾听还需要智慧和耐心。管理者在倾听的时候,把重心转移到员工身上，而不是用领导者、上位者的身份去听。否则的话，员工就会有汇报工作的感觉，不再愿意去讲述了。

❷ 赞美，是对员工最大的激励

心理学家威廉·詹姆士曾说过："人类本性最深的企图之一是期望被人赞美和尊重。渴望赞美是每个人心中最基本的愿望。我们都希望自己的成就与优点得到别人的认同，哪怕这种渴望在别人看来似乎带有虚荣的成分。"

每个人都渴望赞美，渴望自身价值得到认可。因此，是否得到别人的赞美成了衡量一个人的重要标尺，对于个人来说也是至关重要的。尤其在一个团队中，如果员工能得到领导、同事的称赞，就仿佛获得了无限的荣耀，这要比获得物质奖励更能激励人、鼓舞人。

因此，管理者在与下属、员工进行沟通时，要及时给予赞美，对于其工作表现给予赞赏与肯定。这是激励员工最简单、最有效的方法，可以让员工充满干劲地努力工作，并且在工作中始终处于最佳状态。

美国钢铁大王卡内基高薪聘用了查利斯·施瓦布担任公司的执行总裁。对于这一决定，很多人表示不解，因为在他们看来施瓦布并没有丰富的管理经验，也没有出色的专业知识。他们不明白为什么卡内基会选择一位这样的管理者，但是卡内基给出了一个让人信服的答案——施瓦布最会赞美别人，这是他最有价值的本领。

施瓦布确实会赞美人，他时常赞美自己的助手艾伦，说她的工作做得非常不错，还会感谢她对工作所做的一切努力。当艾伦完成一项任务时，他会称赞说："谢谢你能辛苦地工作，让我能在这么短的时间里看到这样好的结果。""这项任务完成得非常出色，我自己都无法做得这样好！"有了这样的称赞，艾伦在日常工作中总是心情愉快，也对自己信心满满，自然把工作完成得越来越出色了。

  对于自己称赞人的本领，施瓦布则说："上司的批评，最容易扼杀一个人的志气。我从来不批评或打击他人，我相信鼓励和赞扬是使人更好工作的原动力。"正因为如此，他才把企业管理得非常出色，员工情绪高涨、工作积极努力。也正是因为如此，他被西方称为"天才管理家"。

  我们都说带团队就是带人心，管企业就是管人心。而获得人心的最直接方式，就是适当而及时的赞美。赞美能够让员工心情愉悦地工作，让员工看到自己的价值。如果管理者不懂得赞美，只批评、限制员工，忽视对员工的赞美，那么长此以往，员工心中就会产生消极的思想，他们会抱有这样的想法："我做得这样好，领导为什么从不表扬我？难道觉得我不够好？还是对我有偏见？"在这种负面情绪的影响下，主动性和积极性就会消减，甚至还产生自暴自弃的想法，如"既然我做得再好，也得不到肯定，那么我为什么还要努力呢？"如果大部分员工都抱有这样的想法，那么团队中就会出现大问题，就算有再严明的制度、再丰厚的物质奖励，恐怕也难以提高工作效率。

  因此，作为管理者，我们应该学会，并且习惯适时给予员工赞美，当他们出色地完成任务时，及时的称赞与肯定，会让他们感受到管理者对自己的重视与青睐，进而产生前所未有的力量。

  有一位普通的清洁工，每天的工作就是清理办公区域的卫生。经常有人忽视清洁工的重要性，他的工资也非常微薄。可就是这样普通得不能再普通的员工，却成了公司的英雄，保护了公司的大额资产。

  一天晚上，一个小偷来到公司的财务办公室，撬开保险柜，准备偷走里面的大量现金、珍贵资料、公司印章等。恰巧清洁工值班，发现了正在行窃的小偷，他挺身而出吓走了小偷。

事后，总经理召开了表彰大会，为清洁工颁发奖金与荣誉证书。当被问到动机时，清洁工说道："虽然我只是一个清洁工，但是经常受到总经理的赞美。每当他从我身旁经过时，总是夸奖我工作认真，卫生打扫得很干净。从他的赞美与肯定中我感受到了尊重与肯定，也看到了自己的价值。"

对于清洁工来说，这赞美就是对自己工作的认可，对自己价值的最好承认和重视。他感觉自己受到了重视，所以才对企业充满了热爱，愿意贡献出自己的力量。

可以说，在企业管理中，赞美是最经济的一种管理手段。成本低，又可以鼓舞人心。

但是，我们需要注意一个问题，赞美也讲究时效性和持续性。管理者要及时给予员工赞美，而不能等到过去许久之后才赞美，这样才能取得最佳效果。管理者要持续地赞美，而不是想起来就夸奖几句，想不起来就当作没有这回事，这样容易让员工产生巨大的心理落差。有一项研究显示，如果员工的行为得到持续性、经常性的称赞，那么可以取得最好的激励效果，这个时间间隔一般为七天。换句话说，管理者每隔七天就需要给予员工赞美和肯定，这样的频率既不会让员工因为经常被赞美而骄傲自满，也不会让员工失去动力。

总之，作为管理者，应该学会赞美的艺术，把它当作是激励员工的一种手段。这样做之后就会发现管理变得简单了。

❸ 高明的批评，能屏蔽所有负面情绪

对于管理者来说，批评是一门直击心灵的艺术，如果方法用对，不仅可以让下属、员工改正错误，还可以起到激励的作用；如果方法用错，则有可能

激起员工的逆反心理，从而导致管理者与员工离心离德。因此，高明的批评，既能屏蔽所有负面情绪，还可以达到批评的目的。

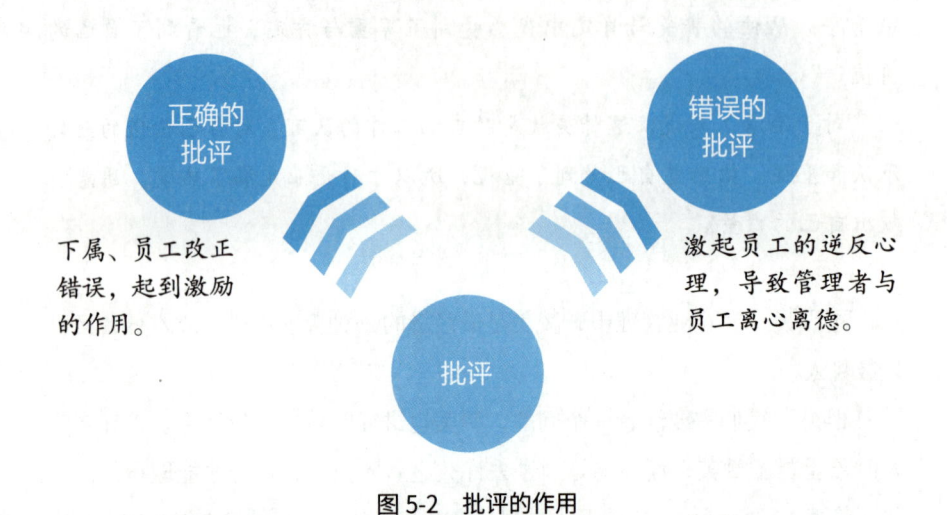

正确的批评：下属、员工改正错误，起到激励的作用。

错误的批评：激起员工的逆反心理，导致管理者与员工离心离德。

批评

图 5-2　批评的作用

"人无完人"，员工不是完美的人，他们会犯错，无论有意还是无意，大多数人都能做到知错就改。这时，管理者就需要有广阔的心胸，包容下属的错误，提出理性的批评。什么是理性的批评？很简单，就是"对事不对人"，针对工作上的疏忽，领导者可以进行训导，而不是在盛怒下责骂犯错的员工，或者是借题发挥，甚至是只顾情绪的发泄，不顾及对方的感受。

方锐经营着一家网络公司，他聘用了一位对服务器非常精通的业务人员，名叫李晓，并且破格提升他为部门负责人。李晓工作能力很强，也很认真，多次帮公司解决难题。但是，再有能力的人，也难免出现犯错的情况，而且公司的客户量增加，服务器的稳定性越来越差，很有可能会出现问题。

于是，李晓立即对服务器性能进行了勘察，并且提出了解决方案。然而问题还没解决，销售部又获得了一位大客户，现在服务器已经不堪重负，随时都有崩溃的危险。

没过几天，服务器就出了状况，频繁出现不稳定的现象，影响到了客户的使用。李晓只能关闭服务器，他知道发生这样大的事故，肯定免不了批评和处罚。

果然，方锐针对这次事故，召开了紧急会议。在会议上，李晓头都不敢抬起来，方锐严肃地说道："李晓，你作为部门负责人，主要职责就是保证服务器的稳定运转，现在出现了问题，你难辞其咎。"

停顿了一会儿，方锐继续说："既然出了问题，我们最先做的不是追究责任，而是想想下一步该如何解决问题。李晓，你心里有什么想法？"

李晓立刻详细地说出了解决方案。听了这个方案，方锐点了点头，直接拍板决定，吩咐大家按照方案进行。

事后，李晓找到方锐问道："方总，我犯了这么大的错误，给公司造成了损失，您不怪我吗？"方锐笑着说："我不是批评你了吗？你也虚心接受、积极改正了，事情不就圆满解决了吗？"

听了方锐的话，李晓感到自己非常幸运，遇到这样开明又有智慧的领导，从此之后，他更加努力地工作，更尽职尽责了。

所以说，优秀的管理者会赞美，也会批评。面对员工的错误，他们不会乱发无名火，更不会恶语相向，同时，他们还会注意批评的场合和尺度，不会当众批评，不会过于严厉或借机重罚。因为他们知道，这样做只能伤害员工的自尊心，使员工产生不满。

在管理企业的过程中，管理者要学会批评的艺术，让员工突破自己的心理障碍，做到知耻而后勇，同时也应该让他们看清自己的错误和不足，看到自己的进步空间，只有这样才能鞭策员工积极进步，不断地完善自己。

有一位销售经理，他的秘书是一个爱打扮的年轻人，这个年轻人总会把精力用在穿衣打扮上。过度在意外表，结果就是没有太多的精力做好工作，所以工作中总是出现一些小错误。

这位销售经理批评了她很多次，都没有取得很好的效果。有一天，这位销售经理看到秘书穿了一条新裙子，于是笑着说："小李，你的新裙子真漂亮，能凸显你的气质。如果你交给我的文件也能这样漂亮就好了。"顿时，秘书脸红了，她听出了经理的批评，也意识到经理的好意，于是决心改正缺点，从那之后，她的工作确实很少出现错误了。

没有声色俱厉地批评，只是婉转地指出员工的不足，效果却出奇的好，这就是高明的批评。古语说"运用之妙，存乎一心"，管理者在批评下属时，选择巧妙的方式，可以获得事半功倍的效果。

说到底，高明的批评就是让批评软着陆，从被批评者的角度出发，试图消除所有不良的情绪。情绪好时，被批评者就变得理智，理智时，也就能更容易地接受批评。这就是管理者最想要得到的结果。

当然，采用委婉的方法批评下属及员工，并不是让管理者刻意讨好，更不是说要失去原则。这不是批评之道，也不是管理之道。充分地尊重对方，不让对方难堪，同时又能就事论事，才是最好的做法。

❹ 向下沟通，请忘了自己的领导者身份

一位优秀的管理者在进行向下沟通的时候，从来不会强调自己领导者的身份，不会习惯性地用命令口吻来要求员工或强硬地干涉员工的工作方式，不会要求他们必须按照自己的想法来执行。他们会忘记自己的领导者身份，采用

平等的沟通方式，让员工感到尊重与重视。

　　原因很简单，因为这些管理者知道，从人格上来说，人与人之间是平等的，这种平等不会因为管理者与员工的身份不同而发生改变。如果管理者自认为自己的地位更高，可以不用制度、规则来管理员工，而是用权势压人，那么员工就会感觉自己的人格被践踏。即使管理者不以权势压人，如果在沟通的时候表现优越，习惯用俯视的角度来看员工，习惯用命令的口气来指挥员工，那么也会让员工产生压迫感，从而出现不满的情绪。这样一来，团队就会变成一盘散沙，缺乏凝聚力或向心力，即使管理者再努力，恐怕也很难把员工团结起来，更不用说激发他们更努力地工作了。

　　方圆是一家企业的总经理，他的父亲是董事长。父亲当年白手起家，靠着聪明的头脑，又赶上了一个好机会，所以把企业经营得有声有色。为了让企业有更好的发展，父亲严格要求方圆，在方圆考入一所知名大学后，要他报考工商管理专业，还让他毕业后慢慢地开始管理自己的企业。

　　方圆年轻气盛，又有能力，但是因为自己的身份他很自负，还有很强的优越感。在管理企业的时候，他总是习惯居高临下，对待员工都用命令的口吻，而且从来不与员工亲近。在开会的时候，他不喜欢别人提出不同的看法，更不喜欢别人打断自己说话。即使对待老员工，也是派头十足。他从来不愿意与员工沟通交流，更谈不上关心员工的生活。

　　这样一来，方圆与员工的沟通就变成了单向的，甚至可以说是无效的沟通。结果，他与员工的距离越来越远，这导致管理上出现了问题。方圆的父亲认为这样可能会让企业走向失败，于是就撤了方圆的总经理职务，把他下放到了基层，做一名普通的业务员。

　　到了销售部门，方圆还是喜欢高高在上，上级和同事也对他敬而远之，甚至避之不及。所以，在很长一段时间里，他的工作都没有开展起来，业绩更是一塌糊涂。为了不让别人看不起，不让父亲失望，方圆只能做出改变——主动与同事沟通，采用友好、平等的方式。他还参加了部门的聚会，与同事一起聊天，并展示了自己的拿手好戏——唱歌，赢得了一阵阵喝彩。

从那之后，方圆得到了同事的认可，以前看见他就掉头的人也愿意和他沟通了。他融入进了团队中，也看到了每个同事的优点与才华，他变得喜欢与同事接触，而且还很喜欢与他们交流。在所有人的努力下，方圆所在的团队业绩取得突飞猛进的提升，取得了业绩考核第一名。

就这样，方圆在基层打磨了几年，父亲看到了他的改变与成绩，于是再一次对他委以重任。而重新成为领导者，方圆也没有改变，继续保持亲和力，不在员工面前摆架子，不再忽视与员工的平等沟通。他还时常回销售部门，与之前的同事聚会、聊天，谈一些生活上的事情，询问他们对公司的看法。正因为有了这些改变，方圆得到了所有员工的认可，也带领企业迈向了一个又一个新台阶。

在生活中，没有人喜欢被命令，也没有人喜欢被轻视，每个人都希望受到尊重。在企业中，上下级之间确实存在着地位和权势的高低之分，然而这并不意味着上级就可以因此而不尊重下级，就可以采用不平等的沟通方式。

所以，作为管理者，我们需要明白，在企业中，存在上下级之分，在权力和职责上也有一定的差别。但是，这只是分工不同，担任不同的角色而已。管理者与员工是平等的，前者如果以领导者自居，用俯视的姿态来与员工沟通，那么即使这位管理者再优秀，也难以打造出一个战斗力强的团队，更难管理好企业。

换句话说，管理者想要管理好企业，就必须学会如何向下沟通，学会如何与员工进行平等的对话。现在的年轻人大多主张个性、自由、平等，这个时候，管理者如果总是强调自己的身份、地位，强行命令员工做事，或者是轻视他们的想法，这样只会让员工选择离开。

因此，管理者应该学会好好沟通，和下属、员工平等地相处，主动地接近或亲近员工，多与他们谈谈生活和工作上的事情；学会尊重员工，不摆架子，不强行要求员工遵守自己的命令；了解员工的想法，多给他们一些指点与建议，少一些干涉与强迫。只有这样的管理者，才能让员工愿意进行双向沟通，才能让自己赢得员工的心。

⑤ 耐心+用心，打开员工的心结

在企业管理中，沟通非常重要。管理者想要做到有效沟通，还需要注意一点，那就是多一些耐心，多一些用心。事实上，在企业中，每名员工的性格都是不同的，有的人擅长沟通，能及时、主动地反映问题，与管理者保持着良好的沟通。可是有的人则不擅长沟通，或有问题也不愿表达，选择憋在心里，或不敢表达自己的想法，只敢与同事私下里抱怨。

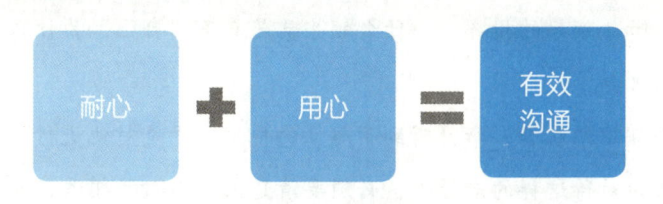

图 5-3　有效沟通

这个时候，如果管理者不能及时发现问题，想办法让员工愿意表达、敢于表达，那么就可能造成不必要的冲突，甚至让员工心里有了结。久而久之，不仅影响工作的积极性，还可能影响其他人的情绪与表现，给团队带来不必要的损失。

我们来看看这个例子。

李月的公司有名老员工,名叫赵立,是个性格内敛的小伙子,在这家公司已经工作四年多了。他谨慎认真,能及时并且保质保量地完成自己的任务,也不爱出风头,但是却缺乏一股干劲,也缺乏创新。与他一起来到这家公司的同事都已经升职,有的成为公司的骨干,有的成为部门主管,只有他还是一名普通员工。

在工作的过程中,赵立几乎不主动与主管进行沟通。在部门会议上,大家你一言我一语,讨论得十分热烈。而他却总是选择坐在不起眼的角落里,几乎从不参与讨论,即使对项目有看法,也不会当众说出来。有时主管也会询问他的看法或意见,但是他也只是摆摆手,说自己没有意见。

就这样,赵立渐渐成为部门中可有可无的人,除了能踏实工作,他并没有让人惊艳的表现。但是,这并不意味着他没有升职的想法,看到同事一个个升职,就连比自己晚来的同事都有了提升,他心里也有不满,偶尔也会和其他人抱怨几句。又过了两年,他还是原地踏步。不能升职,就成为赵立心中的一根刺,让他的情绪越来越低落。他越来越不明白,自己勤劳肯干,听从领导的指挥,为什么领导就是看不到自己,为什么总是得不到升职的机会。

一个偶然的机会,李月听到了赵立的抱怨,于是对他进行了详细的了解。她认为对待这样的老员工,必须要清楚他们内心的想法,发现他们身上的闪光点,再想办法激励和引导,打开他们的心结。

为了更好地进行沟通,李月主动找到了赵立,并且与他进行了一次深入的交谈。李月对他说:"其实,我对你有印象,但是印象并不深刻。我想原因你也知道,你不擅于表达,也不擅于表现。而我呢,也没有深入地与你进行过沟通。这是我的错误,我在这里向你道歉。"

接着,李月继续说道:"我了解你之前的工作表现,也听到了你的一些想法，我感觉你并不是没有能力，而是不擅于表达自己。既然想升职，为什么不好好表现呢？让领导看到自己的才能与价值。你应该知道，这才是升职的关键。"听了这些话，赵立点点头，明白了自己的问题所在。

接下来，李月希望赵立能做好职业规划，继续发挥踏实肯干的优点，同时能够勇于表达自己，把自己的想法说出来。如果一开始不习惯，可以选择合适的方式——写邮件，或写在纸上。赵立听了李月的建议，开始改变自己，事实也证明他头脑清晰，见解独到，很有能力和想法。在几个比较重要的问题上，他提出了不错的建议和想法，促使项目获得了非常好的效果。

赵立积极的工作态度也得到了领导的认可，因此职位也得到了提升，他心中的抱怨与不满自然也就消散了。最重要的是，他找到了正确的方法实现了自己的价值，也找到了与团队、领导良好沟通的渠道。而这一切都源于李月耐心的引导。

作为企业管理者，想要成为优秀的沟通者就需要促进各部门、各员工之间的了解与沟通，同时也要搭建与员工之间沟通的桥梁，耐心地了解他们的想法，解决他们的困惑和问题。当员工因为种种原因而有心结的时候，管理者就需要多些关心、真诚，让他们愿意说出心中的困惑，解开他们的心结。

当然，员工有心结，选择用抱怨的方式来发泄内心的不满，背后的原因有很多。比如，对于工作环境不满意，对于薪资待遇有意见，或者认为自己的工作量大、难度高，以及晋升也不如别的同事快，等等。不管原因是什么，管理者都不能放任这些问题继续发展下去，而是应该及时沟通处理。第一，能够化解员工心中的不满；第二，可以帮助和引导员工解决他们面临的问题。做到了这两点，问题就能够迎刃而解，也能营造良好的上下级关系。

```
                01  能够化解员工心中的不满。

管理者需及时
解开员工心结

                02  可以帮助和引导员工解决他
                    们面临的问题。
```

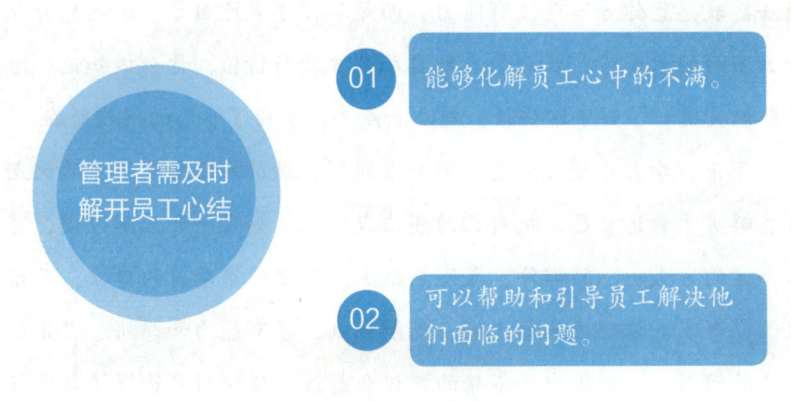

图 5-4　管理者需及时解开员工心结

　　叶明是一家企业的管理者，手下有一名员工，名叫王强，为了能够尽快在公司站稳脚跟，所以想要好好表现自己。每天早上，王强都是第一个到，除了打扫自己的办公区域，还把办公室其他区域也打扫得一尘不染。如果有人需要帮助，他总能随叫随到，从来都不拒绝。王强在工作上也非常努力，不怕困难，迎难而上，还经常主动加班加点工作。

　　这些都被叶明看在眼里，她对王强也比较认可。可是，在众多新人中，这名员工的表现并不是最优秀的，所以在年底考核的时候，他没有被评选为"最佳新员工"。王强很不服气，于是找叶明询问理由："经理，我在工作上非常努力，也做出了一些成绩，还热心地帮助其他人，为什么没有被评上'最佳新员工'呢？"

　　叶明先是肯定了他的表现，再对他说道："小王，你的表现不错，成绩大家也都看在眼里，但还是与'最佳新员工'有一段距离。我们的评奖标准是……我觉得你想要把工作做得更好，就应该把心思和精力都放在工作上。我觉得你如果继续努力，明年一定能评上'最佳员工'……"

　　通过叶明的耐心开导，王强不再有怨言，也明白了自己的问题出在哪里。他改变了工作方式，并且付出更大的热情，在之后的时间内成为企业的业务骨干，当然，也得到了叶明的欣赏和认可，职位也得到了提升。

当员工心中有不满和不解时，希望能够得到关注，而管理者能够及时给出合理的解释，并且耐心地关心他、开导他，员工的情绪自然会稳定下来，并且更愿意努力地工作。如果管理者不善于沟通，只是敷衍员工，说他不够努力、不够优秀，结果肯定非常糟糕；如果管理者不重视沟通，对员工的表现视而不见，那么只能让问题越来越严重，还可能引发不良的后果。

所以，管理者要学会沟通，不仅要掌握沟通的技巧，更要注重沟通的态度。在与员工的沟通中，多一些耐心、多一些用心，那么沟通效果就会加倍。

❻ 把员工的意见当作是大事

很多人都认为，只要地位越高，也就越没有人能够反对自己的意见。而这样做的结果是，长此以往，身居高位，导致领导者一意孤行，最终事业一败涂地。

很多管理者也抱有这样的错误想法，正因为如此，在做决策时，他们习惯一个人"拍板"，丝毫不在意别人是否有不同的看法；他们唯我独尊，习惯对员工发号施令，习惯以自我为中心，不愿意倾听不同的意见，也不愿意接受别人的指正；表面上看，他们愿意倾听员工的声音，然而却很少虚心接受员工的意见。结果也是现实的，管理者不把员工的意见当回事，久而久之，员工就不会把管理者的命令与指挥当回事，甚至会从心底产生抵触。这样一来，管理者就会慢慢失去领导力和号召力，进而很难管理好企业。

01 做决策时，他们习惯一个人"拍板"，不在意别人是否有不同的看法。

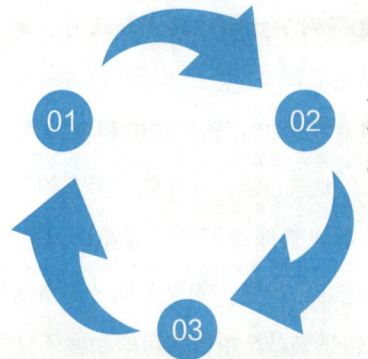

02 习惯以自我为中心，不愿意倾听不同的意见，也不愿意接受别人的指正。

03 表面上看，他们愿意倾听员工的声音，然而却很少虚心接受员工的意见。

图 5-5 管理者的错误想法

因此，作为企业的管理者，不能高高在上，更不能"搞一言堂"，而是应该谦虚地听取员工的意见。孔子曾说过："三人行，必有我师焉，择其善者而从之，其不善者而改之。"孔子把咨询、请教别人，听取别人的意见当作提升自我的一种手段，更何况我们呢？也就是说，只要员工的意见是中肯的，具有建设性的，管理者就应该接受，同时还应该给予员工鼓励与奖励，把能够让员工畅所欲言、说出自己的意见和看法当作企业的一种文化，或优良作风传承下去。

比尔·盖茨年纪轻轻就成为最大的计算机软件供应商——微软的当家人，因此被许多人当作偶像。他头脑聪明，智商和情商都很高。许多人认为只有像他这么强大的人，才拥有足够骄傲的资本。可是，就是这样一个人，在管理微软的过程中，他非常擅于听取听别人的意见，并且还能虚心地向别人学习。

比尔·盖茨始终认为，如果一个人不愿意听取别人的意见，那么他就很难发现自己的缺点和不足，也很难在业务上得到提升和完善。于是他时常鼓励下属、员工向自己提意见，并且会重视这些意见。如果没有人向自己提意见，他还会自己主动去寻找问题。

比尔·盖茨经常到各地去做演讲，每次演讲都自信满满，内容也很精彩，甚至手势和动作也都非常到位。事实上，他每次都会准备很久，除了认真阅读秘书准备好的演讲稿外，还会认真地做批注，再一次次地模拟演讲。

为了让演讲的效果更好，一次比一次出色，他还会让秘书坐在观众席上听自己的演讲。演讲一结束，他立刻就会询问秘书的意见，让他说一说自己哪里表现得好，哪里表现得不好，同时还会把这些信息详细地记录下来。接下来，他会针对这些意见，改正自己的演讲方式，包括语气、手势等。

事实上，聪明的管理者绝对不会轻易仅仅按照自己的想法去做出决策，反而是不管大事小事，都愿意听取别人的意见，尊重别人的意见。这是他们聪明的地方，也反映了他们的强大。

在一个团队中，每个人的思维方法都不同，对于一件事情的看法和意见自然也会不同。这些人的看法和意见有些是合理的，有些是不合理的，这一点我们必须要承认。虽然管理者不可能对所有意见都照单全收，但是管理者必须要有虚心接受的心态，鼓励和奖励员工来提意见，只有这样才能集思广益，并提高员工的积极性。同时，在接受不同意见时，不能戴着有色眼镜，可以对意见进行分类，逐步完善并加以利用那些有益的、有价值的意见；对于那些没有价值的或不正确的意见，管理者也应该及时做出反馈，千万不能充耳不闻、不了了之。

有一位管理者，非常重视员工的意见，在他手底下走出了一批又一批有能力的人才，他把企业管理得非常好。别人问他经营的秘诀，他笑着说道："企业不是一个人的天下，而是一个庞大的组织。每个人都应该去做他擅长的事情。员工在我的手下工作，我很愿意听从他们的意见，他们每个人也都给过我帮助。每次我征求他们相关的意见时，他们给出的答案都让我很惊喜。"

正因为如此，他看到了自己的不足，时时刻刻严格要求自己，不仅逐渐提升了自己的管理水平，还把企业管理得越来越好。而那些员工呢，也都得到了更好的机会、更好的舞台来展现自己的才能，他们始终充满了热情与积极性，为企业的发展献计献策。大家上下一心，一同努力与进步，企业还有什么困难不能克服呢？

作为企业管理者，我们需要认清一个事实，员工愿意提出意见，就说明他内心是热爱工作的，对企业是有感情的，对于企业来说，这是最宝贵的财富。管理者如果看不到这一点，不能虚心接受意见，不能重视员工的意见，恐怕会让员工对企业失望，进而导致凝聚力下降。

而且，每个人所处的位置不一样，看问题的角度也不一样，管理者看到的问题员工可能看不到，而员工看到的问题管理者也不一定能看到。即使管理者再有思想，再有能力，也有思虑不周的时候，也有决策错误的时候。员工在基层工作，思维更发散，也能提出有见地的想法，从而能够让管理者从不同的角度考虑问题、解决问题。

因此，管理者应该创造机会让员工多发声，并且重视员工的意见，虚心地接受，认真地考量，只有这样企业才能走上良性发展的轨道。

❼ 巧用方法，管理好"个性强"的员工

对于管理者来说，难免会遇到一些有能力却又难以管理的员工，这些员工有的骄傲自负，有的性格孤僻，有的野心勃勃。虽然令人头疼，但是对于企

业的发展又非常重要，管理者应该想办法留住他们，争取他们的支持，让他们能够听从自己的指挥。管理好"个性强"的员工，不仅可以做到人尽其才，还能够体现管理者的能力和水平，因此，我们需要掌握这样的技能。

其实，想要管理好"个性强"的员工并不难，只要抓住他们的性格特点、行事风格，再对症下药就可以了。比如，一些有能力又骄傲的员工，常常具有自以为是、爱面子、爱表现的特点，他们热爱工作，也能做出成绩，甚至是某一领域的专家。管理者完全可以利用他们的自尊心和好胜心，巧妙地进行激励，有效地调动他们的工作积极性，让他们更加斗志昂扬地投入到工作中去。如果用对了方法，这些员工就可以做出更骄人的成绩，甚至可以成为员工中的佼佼者。

路远是一家销售公司的经理，销售部有一个有能力的员工，名叫小刘。小刘脑子机灵，非常聪明，总能想出别人想不到的好点子，争取到别人无法说服的大客户。但是，小刘性格比较高傲，时常不按规则办事，也不喜欢与同事合作，每当主管向他提意见的时候，他总是一副满不在乎的样子，完全不服从管理。

一段时间后，主管升职了，小刘认为自己肯定会被提升为新的主管，因为部门中他的业绩最好、能力最强。可是路远却提升了另一名员工小方，小方在能力上比小刘稍微弱一些，但是他特别勤奋又认真负责，业绩在部门中也紧跟小刘之后。路远选择小方也有另一方面的考虑，他希望能够借助这件事刺激小刘，让他能够不再那么高傲，能够通过这件事意识到自己性格上的不足，从而改进自己的缺点，服从领导的管理。

结果不出所料，消息刚一公布，小刘就直接找到了路远，满脸不服气地质问为什么升职的是小方，自己明明业绩第一、能力比小方强。路远不动声色，用上了"激将法"，他对小刘说："其实，单从业绩来说，你和小方都是数一数二的，能力上也不分伯仲。但是，你也知道，你平常总不按规矩办事，与同事的关系也不好，这就很麻烦了。作为员工，你个性一些、骄傲一些，或许没关系。但是作为主管，你还是这样的话，就起不到带头作用，处理不好和下属的关系，又怎么能带领好团队，使团队取得更好的业绩呢？你琢磨琢磨，小方在能力上和你相当，在其他方面却比你强，我选择他也并没有错呀！"

听了这些话，小刘沉默不语，因为他明白，这的确是事实，自己根本无法反驳。

接下来路远继续说道："你如果真的觉得不服气，就应该好好做出些改变，不是吗？"

路远的话彻底激起了小刘的好胜心，从那之后，为了证明自己，他不断地做出改变，不管是工作态度上还是人际关系上都有了很大的改善，不再是那个目中无人、骄傲自满的小刘了。慢慢的，他的表现更加突出，能融入团队之中，也能够和同事友好地相处了。此时，路远也感到非常满意，给了他晋升的机会，并且还把他送到总公司进修以提升他各方面的能力与素质。

可以说，对于那些个性骄傲、自尊心又强的员工，寻常的沟通方式是没有效果的。苦口婆心地劝说，他们不会重视；严厉地批评，他们不会接受，反而可能产生逆反心理。这个时候，如果能利用"激将法"，激起他们的好胜心，刺激到他们的自尊心，那么，反而会获得意想不到的效果。

作为管理者，我们需要明白，企业中有各种性格的员工，针对不同的员工需要运用不同的沟通方式。但是，不管怎样，都不能采取简单粗暴的方式。错误的方式，只能带来不良的后果，不仅有可能让员工心生不满，还可能给企业带来极大的损失。我们要充分运用自己的智慧，调动他们的积极性，走入他们的内心世界，取得他们的信任，进而让他们竭尽全力贡献自己的力量。

林肯，不但是一位出色的总统，还是一位出色的管理者。他曾经任用了一个名叫蔡思的议员，蔡思野心勃勃，非常自大，也曾经想过要竞选美国总统的职位，但是最终败给了林肯。蔡思当然不服气，甚至对林肯心怀不满，当林肯任命他为财政部部长时，他不仅不感激，反而处处与林肯作对。

很多人都告诉林肯，重用蔡思是很危险的。但是，林肯还是把他纳入自己的团队中。他认为，只要蔡思做好自己的工作，那么就可以避免发生冲突，他会尽力包容和迁就蔡思。意识到林肯有这样的想法，《纽约时报》的主编雷蒙有些担心，他给林肯看了很多资料，说这个人野心勃勃，可能会想方设法地"伤害"林肯。

然而林肯依旧坚持自己的想法，并且认为只有蔡思的存在，才能让自己更谨慎，进而把工作做得更出色。他对蔡思真诚以待，从来都没有戒备之心，正是因为如此，蔡思也被感化，在林肯的团队中做出了出色的成绩。

在企业中，有没有"蔡思"这样的员工呢？他们骄傲自大，野心勃勃，连上司都不放在眼里，甚至想要取而代之？如果有的话，你就需要向林肯学习，用实际行动去感化和激励他们。

总之，想要管理好那些个性强的员工，让他们在企业中贡献出自己的力量，管理者就需要真正地了解他们，明白什么方法能起到好的作用，什么方法会适得其反。针对不同的员工，运用不同的沟通方式和管理办法，这样一来，就不会埋没有价值的人才，同时还能有效地激起其他员工的积极性，让他们去发挥才智，为团队取得更好的成绩。

第六章

决战市场
——只能"成败论英雄"

市场与营销，能够决定企业的成败。对于企业管理者来说，懂得营销，才能让企业生存下去，并且企业在未来会有好的发展；懂得如何让企业在市场上立足，并且获得竞争优势，才能让企业获得更好的业绩。所以，管理者要做好产品营销，聚焦精准市场，并且想办法抓住客户的心，谋求企业更高效的发展。

① 懂营销，企业发展才有未来

营销是企业运营中最重要的一个环节，直接关系到企业生产价值的实现。简单来说，运营一家企业、进行贸易往来，目的就是为了获取经济利益。而想要获取经济利益，唯一的方法就是把企业的经营对象销售出去，不管对象是产品还是服务。

因此，营销决定着企业的成败，对于企业管理者来说，懂得营销，才能让企业生存下去，并且企业在未来会有好的发展。相反，管理者不懂得营销，产品销售不出去，那么，即使再懂得管理，制度制订得再完美，与员工的沟通再和谐，也无济于事。

其实，营销就是为产品寻找更好的销售渠道，把企业的品牌形象更好地宣传出去。这看似很简单，只要把营销工作做好，找准目标客户，再赢得目标客户的认可即可。但这其中也蕴含着很多学问，作为企业管理者，需要掌握市场动态、客户心理；需要了解销售、传播学等方面的知识。

我们来看看下面这个例子。

麦当劳的管理者非常懂得营销，他们曾经利用一款变脸游戏《化身阿凡达》使得销售额大幅度提升。这项营销策划很简单，在麦当劳网站登录这款游戏，顾客只要上传一张照片，就可以把自己变成蓝皮肤、黄眼睛的纳威人。

同时，麦当劳还推出一款全球范围内的在线游戏——《潘朵拉任务》。在游戏中，顾客可以进入丛林中搜集目标物品，包括RDA研究小组的背包、水壶，以及印有麦当劳Logo的薯条、巨无霸等。只要客户完成了目标任务，就可以成为RDA小组的一员。

这款游戏虽然简单，但是非常有趣，还能获得奖励，所以短时间内吸引了大量游戏玩家。关键在于，通过这款游戏，顾客可以获得巨无霸套餐，套餐中还随机附送八种麦当劳-阿凡达激情卡。为了加大宣传力度，麦当劳还专门制作了不同版本的电视广告，在全球范围内播放。也就是说，只要顾客通过麦当劳网站下载游戏软件进入"麦当劳幻境"游戏中，将套餐中收到的卡片对准摄像头，就能用一个3D形象在《阿凡达》中的潘朵拉星球探险。

随着《阿凡达》的热映，麦当劳也获得了非常丰厚的回报，销售额直线上升。可以说，这次营销是非常成功，也是非常有创意的。就连《阿凡达》的导演卡梅隆对此都赞赏有加，他说："通过这款游戏，麦当劳的顾客会认为他们是电影中的一部分。在电影即将上映的时候，这种方式可以让人们对电影产生更大的兴趣与关注，这真是创造性十足的营销计划！"

由此可见，好的营销，对企业的业绩提升有很大的帮助，同时还可以让企业的产品最大限度上被社会认可和接受。麦当劳就是利用电影，使得产品的销售得以大幅度提升，同时也推广了自己的品牌文化。管理者如果能有效把握营销，采用创新独特的营销方式，就可以轻松地实现点石成金的效果。

在激烈的市场竞争中，企业管理者要做的是，提升自己的产品品质，同时尽可能多地找到更有效的营销方式。当然，现在几乎每家企业都很重视营销，每一位管理者都在想办法寻找新的、独特的营销方式，以便吸引更多的消费者，从而实现业绩的最大化。这已经是当今社会的常态，不过我们还需要注意一个问题，想要做好营销，必须要制订明确的营销目标，突出产品的特点，只有这样才能在众多同质化产品中脱颖而出。

说到营销的成功案例，就不得不提到小米手机。在小米手机横空出世之前，智能手机对用户来说是昂贵的奢侈品，虽然深受年轻人喜爱，但是高昂的价格也让很多用户望而却步。小米公司是雷军在2010年4月创立的，在这之前，雷军曾经创立过一家软件公司，但是失败了。之后，他又创办了小米公司，提出的理念就是"为发烧而生""让每个人都能享受科技的乐趣"，在这样理念的指导下，小米公司研制出时尚、操作简单的智能手机，价格却比苹果、诺基亚等智能机低很多。

　　因为小米把目标客户群放在年轻人身上，主要依靠低廉的价格、领先的科技取胜。短时间内，小米就受到了年轻人的喜爱和追捧，横扫亚洲市场。同时，小米公司首创了用互联网模式开发手机操作系统、发烧友参与开发改进的模式，催生了崇尚创新、高速的互联网文化。所以，从2011年8月小米手机正式面世，到2013年8月融资后，"小米"的估值已经超过100亿美元。这一惊人的成长速度让小米成为手机市场中的又一个传奇。

　　在营销方面，小米采用了"饥饿营销"的方式——限量销售。其实在销量销售之前，小米已经在网络上引起了一股热潮，发布会的召开、微博等媒体的讨论，已经为产品造好了声势。于是，限购的口号一经推出，就吊足了广大消费者的胃口，进而让产品出现了供不应求的现象。

　　后来，雷军还对品牌Logo进行了升级换代，该Logo是由日本知名设计师原研哉设计的，花费了三年的时间，设计费用高达200万元。然而，人们却发现，新的Logo与之前的似乎并没有太大差别。一时间在网络上，人们又展开了热烈的讨论，有人说"雷军被骗了"，有人说"设计得真好，跟没设计的一样"。可是事后人们才反应过来，这又是小米一次成功的营销。当人们都在议论的时候，其宣传效果已经达到了，小米、小米产品、小米新品发布会已经进入更多人的视野中。

营销的目的就是传播，让消费者知晓其品牌、产品的与众不同。这一目标实现了，营销也就获得了巨大的成功。可以说，在中国智能手机市场上，小米的销售额急剧上升，市场份额超过苹果、华为，成为中国最重要的智能手机生产商之一，这离不开管理者的营销策略与营销智慧。

事实上，在世界500强企业中，大约60%的CEO是由营销经理提升上去的，很多企业的营销部门地位很高，拥有很大的发言权。这是因为营销对企业来说至关重要，做不好营销，产品就销售不出去，产品销售不出去，企业就只能破产。因此，优秀的管理者必须懂得营销，用更有效的营销思维与方式，为企业谋求更好的发展。

② **营销的核心，需要聚焦在精准的市场上**

想要抢占市场，就需要做好营销。而想要做好营销，前提就是准确地为企业产品进行定位。找准市场，找出产品拥有的令人信服的某种重要属性，自然就能够征服消费者。定位找准了，再加上产品过硬的品质，以及品牌的宣传，那么销售业绩就能得到大幅度提升。可是，定位不准，盲目地跟随别人，或者是只看市场潮流，不考虑自身的限制，恐怕只能是做无用功。

想要找准属于自己的市场，管理者需要关注一点，即消费者。也就是说，管理者要研究消费者的心理与购买动机，根据消费者的年龄阶段、价值心理、习惯心理等因素来分析和研究，瞄准那些真正需要自己产品的人群进行营销。这也就是我们所说的"投其所好"，准确定位，精准针对特定人群，销售效果一定可以事半功倍。

消费者购买心理和购买动机

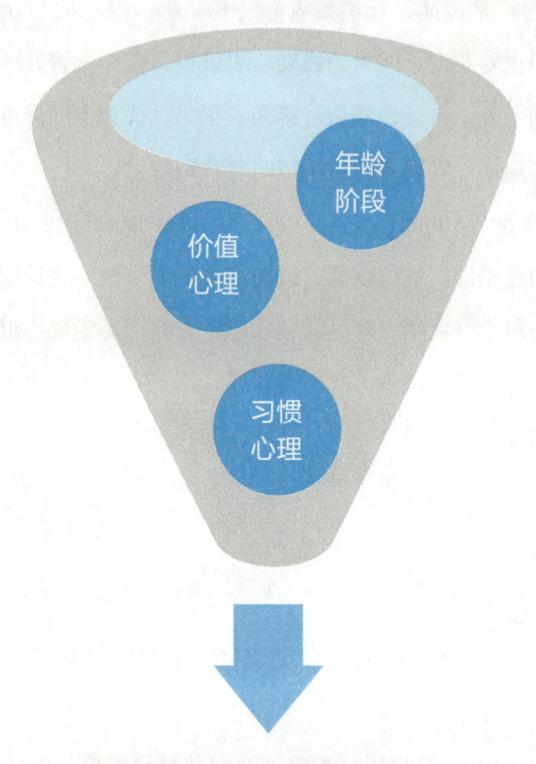

图6-1　消费者购买心理和购买动机

我们来看看这个例子。

或许你并不熟悉"太太口服液"的创始人朱保国，但是对于这个品牌，很多人，尤其是女性朋友肯定不陌生。朱保国年轻的时候是个很有才能的技术员，深受领导器重。后来，他被挖到化工厂当厂长，虽然年轻没有经验，但是他胆子大、精通管理，所以把企业管理得井井有条，很快就实现了扭亏为盈。

后来，他偶然间听家人说起有一个中药秘方可以治疗黄褐斑，便辗转打听到了秘方的所有者是一位老中医，他向老中医买下了这个秘方，随后独自到深圳闯荡。到了那里，他借了很多钱，创办了一家公司，尽管他倾其所有，想尽办法，但首次创业还是失败了。

朱保国并没有气馁，而是积极地寻找自身事业的延伸点。他发现市场上有很多种保健品，但是唯独缺少专门为女性研制的保健品。朱保国看到了这个市场空白，他把产品定位在女性消费者身上，把女性的药用食品作为突破点，与几位朋友苦心提炼了二十多种中草药，最终研制出一种中药保健营养液。为了试验产品的效用，他让自己的妻子先试用，一段时间后果然有了明显的养颜效果。于是，他欣喜地做出决定，把产品定名为"太太口服液"，并且在"三八"妇女节这一天推出。朱保国还在报纸上、电视上打广告，一句"做女人真好"的广告语瞬间抓住了女性消费者的心，并且迅速使产品在市场上站稳了脚跟。

很快，太太口服液就成为当时市场上最畅销的保健品之一，朱保国还邀请明星来代言，大力地宣传产品，太太口服液迅速火遍全国。朱保国感受到了成功的喜悦，也看到了女性市场的前景，他随即推出了几款同类型的口服液，也都得到了消费者的欢迎。

但是，想要把企业做大，只靠太太口服液等产品是不够的。为了进一步发展企业，朱保国决定对企业进行转型，把焦点放在药品市场上。为了实现企业的转型，他不仅开始收购药企，还大量引进专业人才，专注药品行业。正因为如此，朱保国创造了一个又一个奇迹，把企业带上了新的台阶。

简单来说，精准定位就是找到顾客的特殊需求，利用这种需求的差异化来吸引那些特殊的群体，实现营销的最终目的。当然，管理者可以在产品的特殊性上下功夫，也可以从价格上着手。不同的群体，对于产品的价格需求不同，有的消费者看重品质，不注重价格；有的消费者则看重价格，只对物美价廉的产品有购买欲。管理者想要吸引前者，就需要借助良好的品牌优势、质量优势，以及良好的服务。如果想要吸引后者，那么就需要让自己的产品具有绝对的低成本优势。

当然，管理者除了利用消费者需求的差异化，还应该创造差异性，找准产品的卖点和切入点，生产出有特色的产品或为自己的产品培养独特性，在消费者心中形成一种特殊的偏爱。肯德基的产品就具有独特性，在消费者心中形成了一种特殊的偏爱，进而吸引了无数消费者的青睐。

早在1987年11月，肯德基就进入中国市场，在北京前门繁华地带开设了第一家餐厅。对于习惯了中餐的中国人来说，为什么会这么容易接受汉堡、薯条等西式快餐，并且变得越来越钟爱呢？这是因为在产品方面，肯德基定位于"世界著名烹鸡专家""烹鸡美味，尽在肯德基"，在定位上与其他西式快餐有着很大的差别。同时，其炸鸡系列产品，如吮指原味鸡、香辣鸡翅以及劲脆鸡腿堡等，口味非常独特，深受年轻人喜爱。更重要的是，中国人爱吃鸡肉，鸡肉类产品更符合中国人的口味，更容易被中国人接受。肯德基之所以这么受欢迎，就是因为定位准确，其产品形成了自己的独特性，所以在中国市场发展迅猛，坐上了中国快餐业的头把交椅。

显而易见，对于企业来说，营销的核心就是聚焦精准的市场定位。从市场定位出发，使产品满足消费者的需求，或先找准消费者群体，再根据群体特色推出最适合消费者的产品，只要做到这些，企业就会在市场上无往不利。

因此，企业的管理者应该把营销定位作为营销的指导思想，找准市场定位，以突出产品特色为定位的出发点。在这种思想的指导下，企业就不会被市场淘汰，反而还会以鲜明的特色做大做强，受到消费者的欢迎。

③ 奇妙的包装，让你的产品"发光"

"人靠衣装马靠鞍"，对产品来说也是如此。一款产品的质量、性能都非常好，但是包装不出色，甚至可以说很简陋，这样也很难吸引消费者的注意、刺激消费者的购买欲。事实上，在人人都讲究品质、仪式感的今天，出色的包装已经成为一种强有力的营销和竞争手段。

管理者在致力于打造质量好、功能全的产品的同时，还要花心思设计好产品的包装，让奇妙出彩的包装，给自己的产品增光，为企业带来巨大的效益。

对于产品来说，包装就是让它披上美丽的外衣，变得与众不同，吸引人们的注意。那么，如何吸引消费者的目光呢？第一就是有趣、富有哲理的文字，比如江小白瓶身上的那些话，就很吸引人。第二是别出心裁的设计，比如，纽约关节炎研究基金会推出一种可以增强关节与软骨的保健品，便使用了一种"闪光"盒子，即在盒子内部置放了电池和灯泡，可以让包装盒不断地闪烁，吸引消费者的目光。

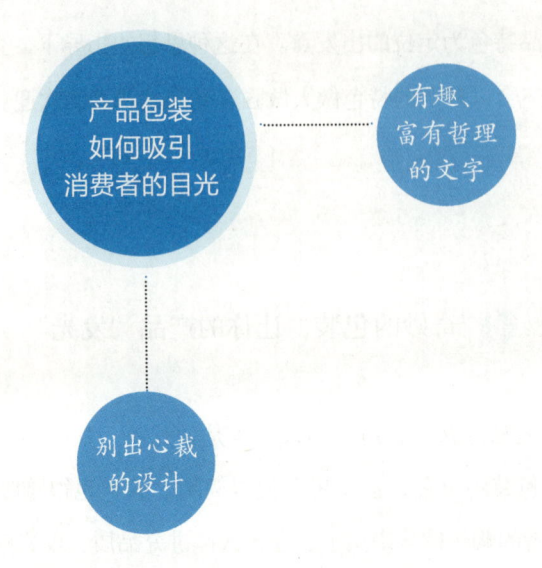

图 6-2　产品包装如何吸引消费者的目光

同时，包装除了要强调视觉刺激之外，还需要强调产品的信息。

美国的一家磨坊公司为其谷物食品设计了一种含有"第五面"的纸盒，这种纸盒的折叠面有一个切好的切口，切口处有一个怪物的爪子，就像是它把包装盒撕开了一个口，非常吸引消费者的注意力。

可以说，管理者如果能巧用包装的外衣，让消费者被深深地吸引，那么就可以打开产品的销路。

我们来看看下面这个例子。

美国有一家罐头食品生产销售公司——绿巨人，其产品畅销世界各地，受到消费者的欢迎。而他们的产品只是普通的玉米和豌豆罐头，并没有特别之处。产品畅销的关键性因素，就是包装设计奇特新颖，给人留下了深刻的印象。

绿巨人的管理者有着超群的才能，在经营理念上也与众不同，当公司规模还不大的时候，他就决定在包装上下功夫，出奇招——用奇妙的包装来赢得市场。于是，他找到了美国一家颇有名气的广告公司，花费重金为公司设计商标和包装，最终将公司商标设计成为一个身披树叶的绿色巨人。绿色代表健康，巨人代表强壮，公司也因此得名——"绿巨人"。

产品一经推出，就受到了消费者的喜爱，销量连续攀升，市场形势非常好。短短一年时间，绿巨人的知名度就大大提升，产品销售扩展到全国，之后又行销国外很多国家和地区。

但是，管理者并没有满足于此，而是再接再厉，继续扩大销路，并继续在设计包装上下功夫。他又找到了一家著名的广告公司，把原来的"白脸绿巨人"图案改为"红脸绿巨人"图案，还想出了一句诙谐幽默的广告词——"非常抱歉，因为我们的产品供不应求，我们感到难为情"。这则广告在电视上播出之后，立刻就引起了轰动，更多的消费者选择购买他们的产品，还使得他们的罐头食品名气大振。自此之后，绿巨人公司得到迅猛发展，成为罐头食品市场中的佼佼者。

从上面的例子中，我们可以看出产品的包装与销量存在着非常紧密的关系，可以说包装直接影响销售业绩的好坏。同样品质的产品，让人眼前一亮的包装的那种产品，销量剧增；而呆板、毫无新意的包装的产品，则可能导致滞销。

好的包装，往往能让产品脱胎换骨，成为抢手货。

原产四川一带的榨菜，原本是用大坛子装运，但销量不好，效益也比较低。后来，产品进入上海后，改为中等大小的坛子装运，变得精致了，销量和效益都得到了提高。再后来，有人重新设计了包装，把榨菜切丝后装入一个个精美的小袋中，结果价格更高了、销量更好了，效益自然也得到了巨大的提升。

人们喜欢美好的事物，喜欢让看到赏心悦目的东西。如果有两个人同时站在自己面前，一个西装革履、文质彬彬，一个破衣烂衫、邋里邋遢，恐怕大多数人更青睐前者，更何况产品呢？

既然管理者了解了包装的重要性，那么是不是就可以随心所欲地包装产品呢？当然不是！想要产品吸引人，管理者必须注意三点。

第一，包装要方便储运、陈列，要方便消费者选购、携带和使用。也就是说，要注意包装的美，也要注意实用价值，不能华而不实，更不能过于夸张。

第二，透过包装提供给消费者的信息要准确、真实。关于产品成分、性能、使用方法、分量、规格、有效期限等说明信息一定要符合实际，要具体、真实、准确，不能误导消费者，不能让消费者产生错误的判断。

第三，一定要注意，包装要符合法律规定，尊重购买者的宗教信仰、风俗习惯等。做不到这一点，不仅会影响产品的销售，还会破坏企业的形象。

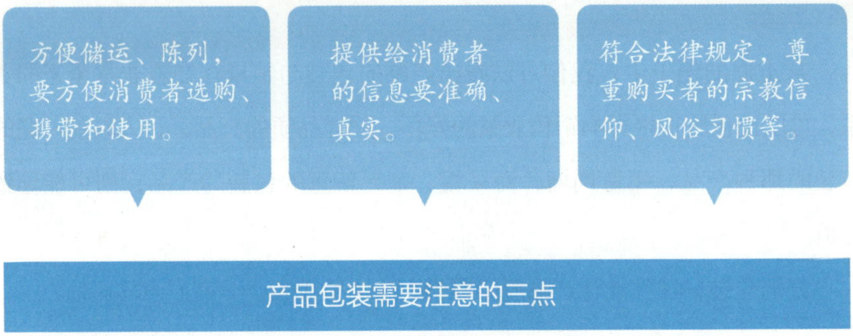

| 方便储运、陈列，要方便消费者选购、携带和使用。 | 提供给消费者的信息要准确、真实。 | 符合法律规定，尊重购买者的宗教信仰、风俗习惯等。 |

产品包装需要注意的三点

图 6-3　产品包装需要注意的三点

总之，我们需要明白，当今社会，消费者追求的已经不再是仅仅作为物品的产品，而是同时兼具价值和欣赏共存的集合体。那些受消费者欢迎、销量居高不下的产品，一般都有着令人眼前一亮的包装。因此，管理者必须在重视产品内在品质的同时，重视产品的包装。把包装当作是一种重要的营销手段，不断地探索，不断地寻求突破，才能让企业在激烈的市场竞争中立于不败之地。同时也要注意，不要对产品进行过度包装，引起浪费。

❹ 打破"酒香不怕巷子深"的定律

如果问一位管理者这样一个问题："对于企业营销来说，什么最重要？"相信很多管理者会回答："宣传！"没错，如今，"酒香不怕巷子深"的定律已经被打破，多种媒体上的各种广告铺天盖地。而消费者最信赖、最愿意购买的也是那些有着较大知名度的产品，同样品质的产品，一个有知名度，一个几乎无人知晓，那么大多数人都会毫不犹豫地选择前者。

因此，管理者要重视产品的宣传，因为在现代市场形势下，产品质量和宣传是两回事。有好的质量，没有好的宣传，产品很容易被埋没。谁宣传做得好，能让更多人了解、认识自己的产品，知晓自己产品的特性、优势，谁就能够吸引更多人的注意，进而得到更多的效益。

事实上，很多管理者懂得营销，并且具有高超的营销手段，总能出奇制胜，用巧妙的"广而告之"来捕获消费者的心。

很多人都知道玛莎·斯图尔特，她是非常著名的女企业家，也是人人追捧的"家居女王"；她出版了第一本专业家居顾问指南《娱乐》，并且与时代华纳公司合作，创办了著名的家居顾问杂志《玛莎·斯图尔特家居》；以她自己名字命名的公司在纽约证券交易所上市；公司年收入超过3亿美元，这也让她成为美国最富有的人之一。

玛莎是一名出色的商人，有着不俗的商业头脑，同时她也是一名卓越的管理者，懂得如何打造一个品牌，让自己的公司家喻户晓。除了产品质量过硬外,她特别重视产品的宣传,会在各种媒介上做广告。她在电视上做专题介绍,在杂志上做专访,在大型超市举办产品展览,在网站上不间断地宣传。通过这些特殊的方式,玛莎·斯图尔特让大众了解了自己的产品。同时,她不断地向大众强调:"我们的公司就是家居业的权威。"就是在这种持续的、潜移默化的宣传下,人们接受了这个品牌,并且认同了它的权威性。

与此同时,玛莎·斯图尔特还通过自己的行为来影响消费者,她追求细节,讲究完美,所以对于产品质量的要求也极严格,力求生产出完美无缺的产品。对于这一点,她也不吝啬地进行宣传,所以大众逐渐熟知了这一点,并且认同这一点。久而久之,大众心里形成了这样的认知,玛莎·斯图尔特对于产品品质有着偏执的追求,所以她的产品品质也是最好的。结果,玛莎·斯图尔特公司的产品深受消费者喜欢和信赖,公司也成为家居业中的领头羊。

因此,一位懂得营销的管理者并非仅仅依靠默默努力,还会巧妙地宣传产品、品牌、企业以及企业文化。把宣传的营销策略当作是王牌,提高自己的知名度,那么营销、业绩就成了简单的问题。

所谓"广告,即广而告之",利用宣传和广告的效应,向更多的人展示自己的产品,刺激他们的购买欲,对于企业的发展具有非常积极的意义。很多时候,这种营销方式会挽救一家企业,为它带来无限的生机和活力。王老吉就是一个很好的例子。

王老吉的销量和知名度在中国饮品市场中占据着领先地位。可是,在2002年以前,王老吉的知名度并不高,甚至可以说默默无闻,只在当地被一些人熟知。

虽然企业经营不错,有盈利,也有成绩,但是很难有更大的发展。为此,管理者开始寻求解决方法,想要进一步开拓市场、打开销路。于是,管理者聘用专业的品牌公司进行了细致的市场调查，调查后发现消费者在饮食方面，特别喜欢煎炸、烧烤、辛辣类食物，然而这些美食又很容易让人上火。当时的市场上，饮料品种繁多，诸如可乐、茶饮料、矿泉水、果汁等虽然也受人欢迎，但都不具备"预防上火"的功能。所以，管理者决定把这一点作为宣传的重点，把产品打造成"预防上火"的第一饮品，同时还重点宣传"凉茶始祖"的身份、中草药配方、125年历史等要素。

接下来，王老吉把中央电视台作为其广告宣传的主战场，不遗余力地投入巨额广告费用，同时还针对各区域市场的不同特点，投放一定量的地方卫视广告。此外，王老吉在报纸广告、车身广告、市中心路牌广告、终端广告以及公关促销方面也做足了功课。

在这样的营销思路指导下，王老吉的市场一下就打开了，销售额以几何倍数直线飙升。2002年王老吉销量达到1.8亿元，2003年达到6亿元，2004年达到15亿元，2005年超过25亿元，2006年销量更是超过了35亿元。王老吉品牌迅速被消费者知晓、接受，不管男女老少都听过"怕上火，喝王老吉"这一句广告词。

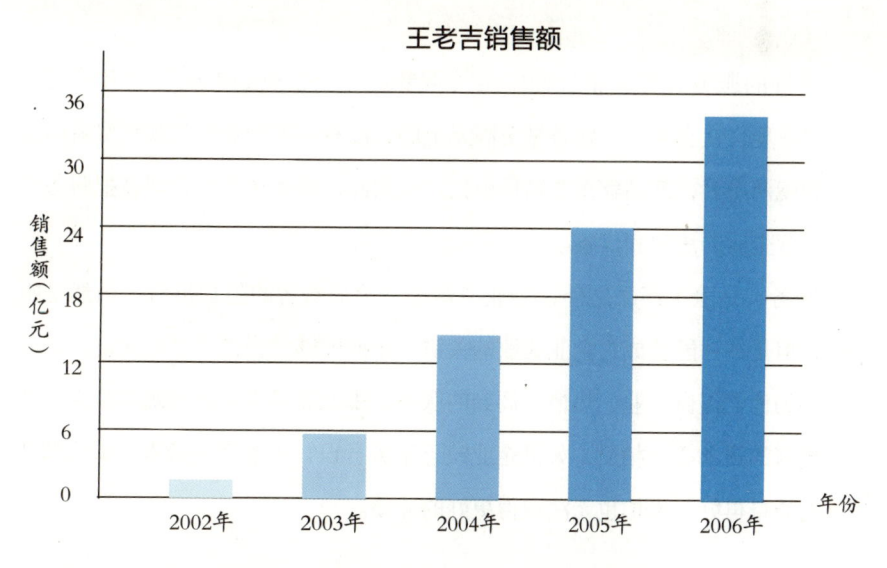

图 6-4　王老吉 2002—2006 年年度销售额

就是因为采取了行之有效的宣传策略，才让王老吉从一个默默无闻的区域性品牌成长为全国性的主流饮料品牌，使其销售实现了井喷式增长，也使得企业的效益、知名度都得到了极大的提升。

试想如果管理者还抱着"酒香不怕巷子深"的思想，结果会怎样？恐怕它依旧是那个无法突出重围的产品，甚至可能很快被市场淘汰。

因此，宣传和广告在现代社会中的威力是非常巨大的。一位资深的美国记者就曾经说过："只要有足够的经费，我能使一块砖头被选为州长。"这句话虽然有夸张成分，但是我们不能忽视广告在经济社会中的力量。而这也要求管理者在管理经营企业时，必须有正确的营销理念，在做好产品的同时，必须想办法扩大产品和企业的知名度，把宣传与市场结合起来。做到了这一点，产品才能赢得市场、赢得消费者。

❺ 最精明的管理者都把服务当信条

良好的服务，在营销过程中至关重要。一位企业的中层管理者曾经说过："在现代社会中，消费者是至高无上的，没有一家企业敢忽视消费者的意志。忽视消费者，产品就无法销售出去。"因此，很多优秀的管理者把服务当作是经营企业的法宝和信条。

服务，是除了产品之外，企业"赠送"给消费者的附加价值。虽然是附加的，但是往往能够成为企业成败的关键。企业能够站在消费者的角度，全心全意地为他们提供专业、热情、周到的服务，那么就可以博得青睐与赞赏，留住消费者的钱和心。相反，如果企业缺乏服务意识，不重视消费者，那么即使产品的质量再好，恐怕也无法取得更好的业绩。

有数据标明，对于很多行业或企业来说，赢得一位新客户比维系一位现有客户所需要的时间多五倍。如果拥有一位老客户，但是不能提供周到的服务，那么老客户就会流失，不再愿意光顾。这个时候，老顾客可能会向四到五个人诉说，指责你的不专业和不周到，而这会造成非常大的负面影响。

所以，管理者要具有服务理念，并且在管理团队的时候，培养每一位成员的服务意识。事实上，很多聪明的管理者都非常重视服务，并且致力于为消费者打造一流的服务，让热情周到的服务贯穿营销过程中的各个环节。

有一家规模大、历史悠久的美国铁路公司，业绩逐年下滑，声誉也不好，面临破产的危机。因为该公司没有为乘客提供周到、热情的服务，导致很多乘客的乘车体验非常糟糕。每周，这家公司都会接到数百个投诉电话。

后来，公司换了一位新的总经理，面对这样的困境，他决定采取一系列措施。首先他对企业内部进行了大刀阔斧的改革，纠正管理上一些漏洞、不正确的理念和行为。同时，他还把为乘客提供周到的服务作为新的突破口，并对所有员工进行了专业的培训，强化服务意识、提高服务水平。

每当遇到意外事件的时候，公关关系科总是能够及时把实情告知乘客，并且积极地解决问题、安抚乘客的情绪。比如，如果出现火车晚点的情况，相关部门会立即查出原因并尽快通知乘客。他们还努力使得企业变得更加亲民，比如，重新油漆车站时，会邀请沿线居民和乘客参与进来，与他们一同选出更合适的颜色。他们还准备了雨伞，给那些没有带雨伞的乘客使用；将无人认领的雨伞保管起来，借租给乘客。

总经理在提升服务品质的同时，把重建社会声誉作为重点，只要出现问题就及时联系媒体，展示自己的诚信，接纳各方面的意见。在媒体的宣传以及乘客最新的体验下，公众看到这家铁路公司的改变，开始重新信任和接纳它。结果，只用了一年的时间，这家铁路公司就恢复了声誉，因为为乘客着想，为乘客提供真诚、周到的服务而快速发展起来，业务也恢复到了之前的水平。

我们知道，对于企业来说，顾客就是上帝。既然消费者是企业命运的主宰，那么管理者就需要重视起来，考虑消费者的利益，以诚恳的态度赢得他们的信任，同时提供最为周到热情的服务，使消费者能得到精神上的满足。当然，只有周到热情的服务还远远不够，因为这一点几乎所有企业都能做到。

管理者想要让自己的企业更突出重围，需要多动脑筋、多进行创新，提供不一样的服务。服务有特色，让消费者体会到其他企业不能提供的，自然也就能够吸引他们的目光。比如，大家公认海底捞的服务是一流的，除了细致、周到之外，企业还为消费者提供照看婴幼儿的服务、生日庆祝服务等。细节中的与众不同，能够让消费者有不一样的感受。所以，尽管海底捞的价位不低，但还是受到消费者的欢迎。

我们再来看看这个例子。

"艺术搬家公司"是寺田千代乃成立的一家搬家公司，搬家公司由于行业竞争激烈，并没有太高的利润，但是寺田千代乃却做得有声有色，并且迅速在市场上抢占了属于自己的位置。因为，除了为客户搬家，她还免费提供除虫、清洁新居等服务，这是其他搬家公司没有的。而且，即使其他公司提供这些服务，也是收费的。所以，寺田千代乃的公司很受客户欢迎，客户还把她介绍给朋友、亲人等，这让她的搬家公司生意越来越火爆。

成功的营销，在于如何善待顾客，让他们对企业的服务感到满意。因此，无论管理大企业还是小公司，我们都需要把服务当作信条，在所有的细节中都加入周到、专业、热情的服务，让对方切实体会到我们的真诚与善意。消费者对我们的服务越满意，我们就越能赢得他们的认可和信任，那么营销自然就成功了。

６ 抓住客户的心，产品就会热起来

不管从事什么行业，经营者都必须从客户的角度出发。尤其在营销过程中，必须要了解他们在想什么，而解决了这个问题，就能找到客户真正的需求或期待，进而抓住客户的心。换句话说，想在市场上取得成功，迎合顾客的心理需要是关键。如果对客户的心理不了解，不能满足其真正的需要，只是抱着碰运气的心态，那么到最后只会碰一鼻子灰，被市场无情地抛弃。

那么，如何抓住客户的心呢？

管理者要打好"感情牌"，即赋予产品情感，让客户在购买产品的时候，获得情感上的满足。比如，情人节的鲜花、首饰、化妆品，不再是冷冰冰的物品，而是代表着男女双方对对方的爱。再比如，中老年营养品、保健品，也不只是子女送给父母的礼物，它们包含着子女的孝心与关心。让消费者在购买产品的时候，获得一种情感上的满足，在适当的时机和场合用"情感牌"来营销，可能会获得意想不到的效果。

2020年秋天，年轻人的朋友圈突然兴起这样一句话："在这个冷冷的秋天，在意你的人，会给你送上一杯温暖的奶茶。这秋天的第一杯奶茶，是他对你的爱、关怀和真心。"一时间，"秋天的第一杯奶茶"上了"微博热搜榜"，这让无数奶茶店嗅到了商机，纷纷利用这个机会进行宣传和营销，结果这些奶茶店的订单量都急速上涨，几个月的时间都热度不减。

还有类似的事件——"夏天的第一杯钵钵鸡"借着"520情人节"的热度，年轻人在网络上晒幸福、晒甜蜜，而商家也是抓住了这个大好机会，赚得盆满钵满。

为什么"秋天的第一杯奶茶""夏天的第一杯钵钵鸡"获得了巨大的成功，是因为营销者抓住了客户的心，并且赋予了产品感情的温度。消费者购买产品，送给在意的人，不只是送产品，而把它当作是加深感情、借机告白的"武器"。从心理学上来说，能够触动情绪的事物经常会被大家讨论，如果我们能设计一些可以引起消费者积极共享的情绪进行传播，那么就能调动大众的积极性，引起大部分人的共鸣，进而让自己的产品受欢迎，从而实现巨大的经济效益。

因此，作为企业的管理者需要明白一个道理，无论销售什么产品，想要吸引什么类型的客户，都需要抓住客户的感情，而不是只把产品当作冷冰冰的物品进行推销。

赋予产品感情，想要抓住客户的心，这要求管理者懂得研究客户心理，了解他们最在意的事情、人、物是什么。比如，对于家长来说，最在意的就是自己的孩子。正因为如此，很多生产、销售儿童产品的企业都把重点放在孩子身上，想办法吸引他们的眼球，"娃哈哈"便是如此。

"娃哈哈"刚创办的时候，宗庆后经过深思熟虑，确定了开发生产保健营养食品的发展方向。同时他发现儿童营养食品在市场上有很大的空白，具有开发投资的空间和前景。而且，很多家庭都非常关爱孩子，只要他们的需求合情合理，家长就不会拒绝，而且也不吝啬钱财。于是，宗庆后决定开发儿童营养产品，打开这一新市场。

通过详细的调研，宗庆后发现很多儿童都偏食，普遍存在厌食性营养不良的问题。于是，他根据儿童偏食、厌食的特点，进行了科学配比，研制出一款儿童营养液。可是在命名的时候，宗庆后又遇到了问题，如何取一个受儿童欢迎的名字呢？

接下来，他通过新闻媒体向社会各界征集产品名称，很快就收到了成千上万个名字。最后，经过专家和管理者的讨论研究，选定了"娃哈哈"这三个字。而选择这个名字的原因也很简单，第一，它源于一首家喻户晓的儿歌，孩子们都会唱，也都喜欢唱。这首儿歌的音调欢乐明快，具有浓烈的民族色彩，把这样一首广为流传的儿歌与产品进行结合，不仅可以为产品添加文化色彩，还让消费者有了新的体验；第二，"娃哈哈"这三字的元音"A"是孩子最早，也是最容易发出的音，很容易模仿，且发音洪亮，能够被孩子记住；第三，"哈哈"这个词非常好，能表达一种喜悦之情，不仅让孩子喜欢，也受到广大家长的欢迎。

正是因为"娃哈哈"从产品到名字都抓住了客户的心，即抓住了孩子的心，所以很快取得了不错的成绩，深受孩子和家长的喜爱，而企业也得到了很好的发展。

所以说，营销的关键就是捕捉消费者的心理，以消费者的需求、喜好为导向，对产品、企业进行推销。尽管消费者的心理不尽相同，但是只要管理者善于研究和把握，那么就不难做到。

❼ 盈利靠业绩，也靠成本控制

对于企业来说，盈利非常重要。管理者做好营销，把更多的产品销售出去，可以不断提升企业的经济效益。但是，我们也知道，经济效益高，不代表利润高。所以，管理者不仅要抓营销、抓业绩，更要抓成本，最大限度地降低成本。

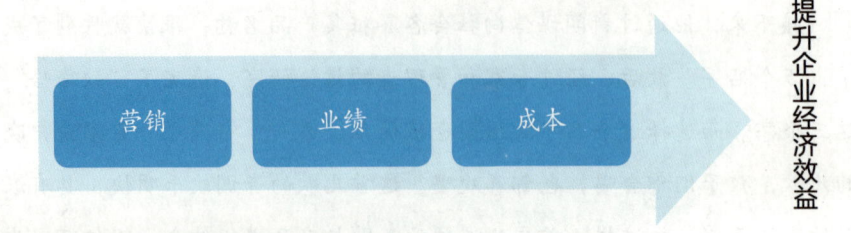

图 6-5　提升企业经济效益的关键因素

在激烈的市场竞争中，企业能将成本降到最低，竞争优势就越大；而管理者控制好成本，节省手中的每一分钱，就可以降低市场风险。事实上，一位优秀的管理者既是营销高手，也是成本管理的能手，能够在经营管理中想办法让企业最大限度地节约成本，实现利润的最大化。

20世纪初，埃克森美孚石油公司是美国最盈利的公司之一，原因就是其管理者李·雷蒙德善于控制成本，具有领先的成本管理理念。1882年，洛克菲勒建立了标准石油公司，之后经过不断发展，这个公司成为世界上最大的石油公司。然而，随着管理理念的逐渐落后，企业问题越来越多，内部组织庞大而臃肿，企业业绩不断下滑。

为了改变现状，洛克菲勒董事会聘用了李·雷蒙德，让其成为这家庞大公司的领导者与管理者。自从李·雷蒙德上任后，他就开始强化成本管理意识，不再允许管理层大手大脚地花钱，反而从各方面进行成本把控，力求把每一分钱都利用到最大限度。

李·雷蒙德知道，想要降低成本，关键在于战略性成本的控制。于是他通过资产重组、重大投资、产品和经营结构调整等，来实现资源的整合和分配。1998年12月1日，埃克森石油公司并购了美孚石油公司，把两家公司的各项业务进行合并。虽然企业规模扩大了，但是通过优化企业结构布局、生产营销等方面，不仅没有增加成本，反而使得企业内部成本成功削减46亿美元，总体成本减少了70亿美元。

另外，李·雷蒙德还购置了大型机器，使得生产费用节约12%~15%。他还在研发新技术上下了很大的功夫，只一项海底作业模块系统的新技术就极大地降低了探测和井下作业的时间，使得作业速度提高了3倍，而成本则节省了50%。而减少检修费用和开停车损失的技术，也使得企业的开工率达到了89%，每年都可以节省将近1.5亿美元的操作费用。事实上，这一系列创新，不仅让埃克森美孚石油公司节约了大量成本，还大大地提升了其竞争力。

除了战略性成本和生产成本，李·雷蒙德还非常重视日常管理中的成本控制。他推行了精简机构、减员增效、实行精细化管理等措施，仅仅在1999年就减少了一半员工人数，节省了28亿美元的人工费用。他还改革资金的审批制度，规定凡是大于5000万美元的投资项目都必须提交管理委员会审核，以免造成盲目性投资和成本的浪费。

就是因为管理者懂得成本的重要性，严格把好成本关，所以才成为美国最盈利的公司之一，同时也使企业在变化莫测的市场中始终处于不败之地。所以说，管理者必须重视成本的控制和管理，用最小的投资换取最大的利润。

但是管理者需要注意一点：控制成本并不意味着一味地降低成本。如果管理者一味地压缩运营成本，减少员工数量，削减广告费，不仅无法把企业带入成功，反而会错失很多投资机会，而且还有可能造成业务停滞和利润下滑。尤其是经济形势不好的时候，管理者为了节约成本而精简人员，那么就会导致团队士气低落，工作效率下降。如果人员无法保证企业的正常运转，那么就更得不偿失了。

除此之外，在控制成本的时候，管理者还需要重视库存，尽量避免大量库存占用企业的资金。我们都知道，企业的经营离不开资金，如果库存占用资金太多，企业成本就会增加，企业经营也会受到影响，甚至有可能造成经营风险。如果企业管理者不重视这个问题，那么就有可能让库存把自己拖垮。

2005年，IT界发生了一件大事，作为全球最著名的计算机制造商，IBM出售了其笔记本电脑业务。原因是什么呢？其实，就是库存。20世纪末，IBM遇到了最大的竞争者——戴尔。IBM为了占有更大的市场份额，不断地加大投资、扩大生产，而这无疑增加了生产运营成本，同时也导致了库存的大量积压。在库存越多、成本就越大的情况下，IBM最终败下阵来，笔记本电脑业务举步维艰，连年亏损。

而戴尔呢？早在之前就制订了新的成本压缩方案——10亿美元削减成本计划。这项计划的重点在于控制运营流程等方面，削减成本的意识传递到每个"戴尔人"心里。结果，2004年运营收入达到了9.18亿美元，占总收入的8.5%；而运营支出却降到了公司历史最低点，仅占总收入的9.6%。

同时，管理者采用了一种全新的营销模式，不经过任何中间经销商，直接与消费者联系，即消费者可以通过网络、电话的方式与戴尔联系，告知自己对计算机配置的要求，再提前付款。只有在订单完全生效的情况下，戴尔才开始进行生产，再通过经销商寄给消费者。这么做就直接降低了库存成本，抓住了消费者的心，能够更好地了解客户需求，进而迅速地占领了市场。

正因为戴尔最大限度地控制成本，做到了零库存，所以能占据市场的绝对优势，也击败了IBM。所以，企业想要在市场上立足，靠业绩，也要靠成本控制。千万不要以为成本与利润无关，成本是企业取得利润的代价。

管理者只有不断改善企业的管理水平，降低企业的成本支出，提高企业的利润率，企业才能持续良好地发展。相反，如果管理者不重视成本控制或不懂得如何进行成本管理，那么企业利润再高也将会消耗殆尽。

第七章

用绩效说话
——没有结果,一切都为零

聪明的管理者善于用绩效来管理员工,因为这是提高员工工作效率、调动员工积极性,进而实现更高效工作效率的关键。当然,想要让员工更高效、更积极地工作,管理者必须制订科学合理的考核制度和行之有效的奖励机制。管理者的绩效管理做得好,员工才能积极上进,企业才能取得更好的业绩。

① 用结果考核员工，让他们从优秀到卓越

用结果考核员工，是现代企业中最常见的经营之道。没有业绩，即使员工做得再出色，恐怕也是白费功夫。而对于企业来说，如果没有利润，就避免不了失败的结局。所以，聪明的管理者善于用绩效来管理员工，激励员工提高工作效率、提高业绩。当每名员工的业绩都提高了，团队的整体业绩也就提高了，企业自然也就能够实现利润最大化。

可以说，绩效管理是企业管理的重要组成部分，也是管理者必须学会的重要能力。企业能否运用绩效来激励员工，对于员工工作积极性的提升、工作业绩的提高都有着很大的影响。在管理学上有一个经典的案例，即"黑熊和棕熊"的故事，说的就是绩效管理的积极作用。

黑熊和棕熊都喜欢吃蜂蜜，为此它们都养了蜜蜂来为自己酿造美味的蜂蜜。这两只熊养的蜜蜂同样多，有一天，它们决定比赛看谁的蜜蜂酿造的蜂蜜更多。

黑熊认为蜂蜜的产量取决于蜜蜂每天对花粉的访问量，于是便想办法提高蜜蜂的访问量。那么，应该怎么做呢？经过一番思索，它购买了一套昂贵的测量蜜蜂访问量的绩效管理系统。因为，在它看来，蜜蜂访问花粉的数量就是其工作量，提高了工作量，采集的花蜜自然就多了。于是，每隔一段时间，黑熊就向蜂群公布每只蜜蜂的工作量，为了提高积极性，它还设立了相应的奖励，奖励那只工作量最高的蜜蜂。但是，它只是让蜜蜂

在内部进行比赛,并没有告诉它们其实是在与棕熊的蜜蜂进行比赛。

而棕熊却认为蜂蜜的产量取决于蜜蜂每天带回多少花蜜,于是它想办法提高每只蜜蜂采集的花蜜量。它也购买了一套绩效管理系统,只不过测量的是每只蜜蜂带回花蜜量和整个蜂箱每天酿造出的蜂蜜量。它也会公布每只蜜蜂采集蜂蜜的数量,也奖励采蜜最多的那只蜜蜂。如果哪一天整个蜂箱酿造的蜂蜜比昨天多,它还会按照成绩的多少来奖励所有的蜜蜂,谁采的蜜多,谁得到的奖励就越多。而且它不仅让蜜蜂内部进行比赛,还直接告诉它们自己正在和黑熊比赛,看谁酿造的蜂蜜更多。它每天都会鼓励蜜蜂,承诺只要大家不断努力,就能获得胜利。

结果可想而知,一个月后,棕熊酿造的蜂蜜竟然比黑熊多了一倍。同样是采用了绩效管理,同样给予蜜蜂奖励,为什么结果相差这么多?很简单,因为黑熊只注重提高蜜蜂的访问量,但是访问量多,并不意味着带回来的花蜜多。一只蜜蜂为了获得奖励,每天都访问100次,但是每次采集的花蜜都非常少,业绩也不会提高。但是如果一只蜜蜂,每天只访问50次,每次采集的花蜜却非常多,结果业绩反而比其他蜜蜂高出许多。所以,提高访问量不是提高业绩的关键,提高采集花蜜的数量,才不会每天都忙忙碌碌,结果却不甚理想。棕熊的绩效管理正是利用了这一点,它把考核的重点放在蜜蜂采集的花蜜上,也就是结果上。

同时,黑熊只是让蜜蜂进行内部竞争,因为奖励的范围比较小,竞争压力又太大,所以根本不可能产生合作的意识。而棕熊则不一样了,它不是奖励一只蜜蜂,而是整个团队。这加强了蜜蜂之间的合作和分享,不仅避免了让蜜蜂成为竞争对手,还促使它们成为最默契的合作伙伴。蜜蜂的积极性提升了,团队的工作效率也提升了,酿造的蜂蜜自然比黑熊多得多。

由此可见,管理者要想在企业中实行绩效管理,就要以结果为导向,同时采用适宜有效的奖励机制，如此一来，才能让员工从优秀到卓越，进而让企业获得更大的利润。我们需要明白，结果是衡量一名员工的重要因素，也是衡量一家企业的重要因素。忽视结果，员工或许工作积极了，但是效率不高，业绩不突出，每天都处于忙忙碌碌的状态，结果却不甚理想。忽视了结果，企业就会对目标和过程失去控制，以至于工作做了许多，但是难以达到自己想要的结果。

以结果为导向，用绩效证明，这是管理者提高员工工作效率，调动每个人的积极性，从而实现更高效工作的关键。企业管理是复杂的，每名员工的工作状态都不一样，每名员工付出的努力也是不一样的。尽管有时候管理者会想尽办法调动员工的积极性，但是，如果不强调结果，不要求员工对结果负责，那么绩效管理这一盘棋就很难真正被盘活，企业的业绩就很难真正被提升。

当然，管理者想要做到绩效管理，不能只注重绩效考核，还必须明确企业的战略目标和重点，兼顾企业长期利益和短期利益，兼顾结果和过程。因为绩效管理的根本目的是实现企业的战略和提升员工的能力，如果企业的战略目标没有实现，那么绩效管理再完美，也没有实际意义。

❷ 绩效管理，必须有科学合理的标准

我们都听过下面这个故事。

很久以前，有一位聪明的国王，人们叫他镜面王，虽然大部分臣民都信奉佛教，但是还有很多人信奉邪教。镜面王感到非常困惑，想要帮助那些人改邪归正。一番思索之后，他想到了一个好办法，他让侍者牵来一头

大象，并招来很多盲人，让这些盲人在那些信奉邪教的臣民面前摸象。

过了一会儿，镜面王提出问题："你们摸到的是什么东西？"

由于大象实在是太大了，每个盲人摸到的只是一部分，于是有人回答树桩，有人回答墙壁，有人回答是一座小山丘，还有人回答是一个大簸箕……盲人们各持己见，争论不休。

见到这种情况，镜面王笑着说道："你们只是摸到了大象的一部分，没有摸到大象的全貌，又何必争论是与非呢？"同时，又对那些信奉邪教的人说："你们用邪教的标准来衡量佛法，又怎么能看到它的深奥和高明呢？"

故事很简单，但是也说明了一个道理，摸到的部位不同，使用的标准也不同，得到的结果自然也不尽相同。同样的道理，在绩效管理中，管理者如果能用统一、科学、合理的标准，那么结果也是统一的，是令人信服的。如果采用的标准不同，用业绩来考察甲员工，用勤劳度来评判乙员工，又用忠诚度来考察丙员工，那么就很难得到正确的结果，无法判断哪一名员工更有能力，哪一名员工对企业发展更有价值。如果用高标准、严要求来考核员工，用低标准、宽松的要求来考核中层管理人员，也很难实现绩效管理的目的。评判标准不同，也无法让员工信服，进而还有可能影响团队的和谐以及员工的积极性。

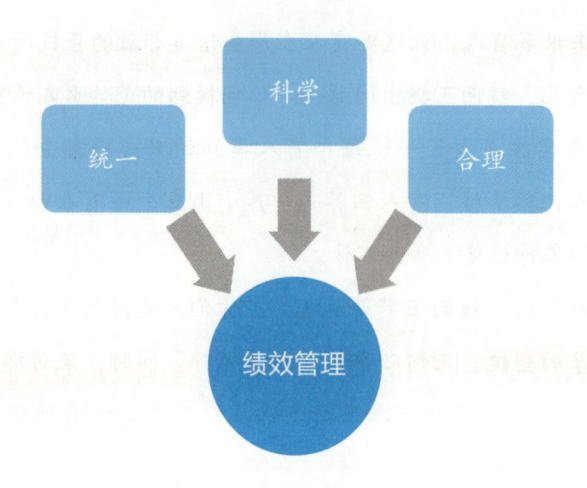

图 7-1 绩效管理的标准

因此，管理者想要提高员工工作效率，就应该建立统一、科学、合理的考核标准。有了统一、科学、合理的标准，就能够极大限度地减少考核的主观性，以及考核的不准确性和不公平性，绩效管理才能发挥出最大作用，促使企业的业绩提升。

管理者必须明确绩效考核的算法，按岗位的不同制订绩效工资的不同标准，再乘以绩效系数来核算员工的薪资。而这个绩效系数则需要综合考虑公司绩效系数、部门绩效系数和员工个人的绩效系数等方面的数据。企业为了充分调动各位员工的积极性和创造性，督促所有员工共同进步与发展，可以根据公司、部门、个人的考核结果进行薪资的核算。但是同一部门、同一岗位的考核标准必须相同，不能出现部门内部系数不同的情况，否则就会影响员工的积极性，甚至会导致出现企业内部管理混乱的情况。

当然，企业内部因为组织繁多，不同的部门有不同的工作内容，不同的工作内容获得的结果也不同。这就需要具体问题具体分析，比如销售部门、行政部门的业绩考核标准就是不同的。只要保证考核制度的合理性、客观性及公正性，就可以起到积极的作用。

我们来看看下面这个例子。

德国有一家企业，名叫威图，主要业务是提供箱体系统和技术供应。这家企业的服务遍布全世界，它有着悠久的历史，而且发展前景非常好。为什么这家企业能够持久不败呢？除了专业和高品质的服务，关键就在于管理者在企业内部制订了一套完善的考核制度。

当企业日益发展壮大，员工数量也越来越多的时候，管理者为了更好地管理企业，制订了科学合理的考核制度，针对不同员工采取不同的考核标准，这样一来员工能够时刻看到自己为公司做出了哪些成绩，做错了哪些事情，造成了哪些损失。

在威图的车间里，每一处醒目位置都设有一块公告板，在这块公告板上有清楚的表格，列出了各个生产小组和员工的成绩以及考核结果。考核的项目和内容包括考勤制度、完成的工作量、工作纪律、加班时间、奖罚情况等。通过这块公告板，员工可以核算出自己的薪酬，也可以看到别人的薪酬，进而知道自己应该如何努力和改进才能赶上和超越团队中的其他人。

当然，我们需要注意的是，虽然威图对于不同员工的考核内容不同，但是考核标准是统一的，体现了考核的合理性、客观性及公正性。在企业中绝对不会出现，甲乙两名员工的工作内容相同，工作难度相同，考核标准却不同的情况。

总之，绩效管理的目的是激励员工的积极性，促进员工之间的良性竞争，进而实现工作效率、企业业绩的大幅度提升。管理者在制订考核标准的时候，一定要遵循统一、科学、合理的原则，准确地考核员工的业绩和能力。同时，管理者还需要明白：考核是绩效管理中一个很小的环节，但是关系到是否能提升员工个人、企业各部门和整个企业的绩效。对于企业来说，它至关重要，不可或缺。只有建立统一科学的考核标准，提高企业绩效管理的水平，才能更好地管理企业。

❸ 看得见的考核，看得见的业绩

杰克·韦尔奇说："做评价对我来说无时不在，就像呼吸一样。在管理中，没有什么比这更重要。我随时都要做评价——不论是在分配股份红利的时候，还是在晋升员工的时候，甚至在走廊里遇到某个人的时候，也要做评价。"

绩效考核可以提高员工的工作效率，不过，我们在前文中也说过，让员工看得见考核，积极参与到考核之中，才能最大限度地调动其工作积极性和主动性，让企业看得见业绩。原因很简单，每个人都有好胜心，看到别人比自己优秀、业绩好，自然激发进取心，于是就会加倍努力，力争做到最好。

然而，很多管理者却抱有这样的想法："把结果摆在员工面前，那些业绩好的员工，肯定会高兴、积极；可是那些业绩不好的员工，就会感觉失落、消极，进而打击员工的积极性。"事实上，只要有考核，就不可避免地会有员工兴奋，有员工失落。如果管理者只注重员工是否因绩效评估而感到高兴或失落，而不把结果公布出来，那么就无法让员工看到自己的不足，更无法刺激他们的进取心，从而实现业绩提升的目的。

在很多企业中，管理者已经建立了完善和合理的绩效考核制度和奖惩制度，但是业绩还是不能得到大幅度的提升。关键就在于，管理者没有让员工看见绩效评估的结果。

有一家企业，设有两个销售部门，可这两个部门业绩有高有低，差异很大。A部门经理不明白，为什么绩效考核标准相同，员工能力、素质也相差不多，市场渠道也没有太大区别，为什么自己部门的业绩偏偏比B部门低许多呢。为了提高业绩，A部门经理每天都加班加点地工作，考察市场、联系客户，同时鼓励员工提高工作积极性。结果工作做得不少，但是收效却不大。

那么，差距究竟在哪里呢？还是B部门经理有什么秘诀？为了解开这个谜团，他主动到B部门向对方请教。B部门经理坦诚地表示，自己的部门之所以能够取得优异的成绩，并不是团队比A部门出色，也不是因为有什么秘诀，只是因为多了一份业绩评估表。

原来B部门经理每个月月底都会在部门张贴业绩评估表，让每一名员工都能看到自己所取得的成绩以及在团队中所处的位置。同时，他还会召开研讨会，详细地总结每名员工的工作情况，哪里做得比较出色，哪里还有不足；要求员工进行自我总结、自我批评，提出自己的困惑，大家一起找答案；要求员工制订目标，下一个月要实现多少业绩，计划超越哪一个竞争对手，等等。

因为绩效考核是看得见的，所以员工之间形成了激烈的竞争，你追我赶，谁也不愿落后。久而久之，即使B部门经理不动员、不鼓励，员工也热情高涨，如此一来，业绩自然就不断上升了。

听了这番话，A部门经理才恍然大悟，在管理的过程中，自己部门虽然进行了绩效考核，也时常用它来激励员工，但是从来没有真正落到实处。之后他也采用了B部门经理的方法，让员工看到自己的成绩与差距。果然，经过几个月的努力，B部门的工作效率大大提升，业绩提高了20%多。

因此，在管理企业的过程中，只制订合理的绩效考核制度是远远不够的，只有真正把考核落到实处，让员工和部门看得见考核，企业的业绩才能真正得到提升。对于员工来说，看到自己的业绩不如别的员工，或许会受到打击，但是只要管理者能及时有效地引导，就不会给员工造成心理负担，反而会让员工的竞争意识更强。

对于管理者来说，运用好绩效管理机制并不难，首先要让员工明确自己的工作内容，充分在各自的岗位上发挥自己的才能；重视员工绩效考核，掌握员工的绩效情况；还要让员工看到考核结果，参与到结果的讨论之中；最后管理者要做好激励工作，尽可能地消除消极因素，调动员工的积极性。如此一来，绩效考核才能真正落到实处，让员工从普通到卓越，让工作从低效到高效。

除此之外，管理者还应该注意，绩效考核和评估并不是做表面文章，不能只把它当作是一种形式，而应该坚决地执行。如果发现考核标准不适合企业发展，不能让员工之间形成良好的竞争，那么就应该及时进行调整和完善。事实上，很多企业在制订绩效考核制度时，都没有结合自身企业和员工的实际情况，而是简单地把其他企业的考核方式照搬过来。这样做的结果就是水土不服，起不到好的作用，无法帮助管理者打造一个高效的队伍，也无法帮助企业创造更高的业绩。

所以说，管理者需要重视绩效考核，不仅要让员工看得见考核，更要让这项工作真正落到实处。员工和管理者都看得到考核，企业才能看得到业绩。

❹ 考核的是员工，考验的是管理者

管理界有一句名言："没有考核就没有管理。"这句话非常正确。其实，想要做好考核工作并不难，只要做好正确的事情，并且持续把正确的事情做得更好即可。什么是正确的事情？就是选对考核的方式。

简单来说，考核不是管理者对员工挥舞的"大棒"，也不是管理者行使权力的工作，更不应该成为"和稀泥"式的管理。考核是管理的一种重要手段，是对于员工的能力和业绩进行的合理、科学、公正的评估。通过这种方式，使员工提高工作效率，让有才能的人脱颖而出，并且让有业绩的人得到合理的奖励。考核是一种手段，目的是激励员工，而不是用"大棒"威吓、控制员工。

然而，不幸的是，很多管理者存在着错误的认识，选择了错误的管理方式，把考核当成是对员工挥舞的"大棒"，甚至想要借助手中的权力排挤有能力的员工。这样的管理者往往无法管理好团队，更无法取得好的结果。

我们来看看下面这个例子。

刘瑞琪是一家策划公司的策划主管，工作能力很强，又很有想法，整个部门的员工都以他为榜样，努力进取，积极拼搏，部门也取得了非常好的成绩。所以，刘瑞琪很快就被提升为策划总监。升职后，刘瑞琪的表现仍然非常出色，他带着团队取得一个接一个的不俗业绩，深受员工的信任。然而，事情发生了反转，策划部门新聘请了一位策划主管，能力也非常出色，时常能提出富有创意的想法。

这样一来，刘瑞琪就感觉受到了威胁，不仅不愿意提升他的职位，不采用他的方案，反而在工作中处处压制和排挤他。在部门进行考核时，刘瑞琪总是给他评出低分，一些重要的项目也将他排除在外。两年过去了，其他能力不如他的员工，都得到了升职、加薪，可是他却只能在原地踏步。

最终，这位员工也明白了刘瑞琪的想法，毅然选择了离职，去了另一家公司。新公司的管理者是一位知人善用、公正的领导，很重视这位员工，很快就提升他为设计总监。因为这位员工能力出色，在业内已经积累了不小的名气，所以原来公司的很多客户都跟着他离开了。

刘瑞琪所在策划公司的总经理看到这么多客户流失，便开始着手调查，了解了事情的经过后，总经理愤怒地解雇了刘瑞琪。但是，已经造成的损失和影响却已经无法挽回，总经理也只能哀叹自己选人失察。

在这个案例中，刘瑞琪的嫉贤妒能是造成企业损失的直接原因。但是深入思考之后，我们就会发现，其根源在于他错误的管理方式，把考核当成是对员工挥舞的"大棒"，所以才会滥用职权。从根本上来说，这是企业考核管理的不足。

所以说，绩效考核，考核的是员工，但是考验的是管理者。聪明的管理者会选择正确的考核方式，懂得如何使用手中的权力，一步步提高自己的管理能力。只有选择了正确的方式，才能为企业找到更优秀的人才，才能让员工发挥最大的潜力，才能让企业取得更大的成功。

我们再来看看这个案例。

一家企业的管理者急需聘请一位分公司的管理者，朋友向他推荐了一位候选人。然而，当这位管理者对候选人进行考核之后，却说："我不能任用他，因为他根本就不合适，完全没法胜任这个职位。"

朋友感到非常震惊，于是问他，为什么只和候选人谈了20分钟，就知道他无法胜任呢？朋友还批评他太武断、太草率。这位管理者没有生气，反而耐心地进行了解释，说这个人刚刚和自己见面，就滔滔不绝地讲述自己过去的辉煌，根本不给自己说话的机会。而当自己说话的时候，他却满不在乎、心不在焉；他非常喜欢炫耀和自夸，说某某高官是他要好的朋友，某某名人经常和他一块儿吃饭喝酒，好像在故意炫耀自己的人事背景，借此说明自己的能力很强。但当谈到业务管理等问题的时候，他又说不出来。

这个时候，朋友也明白过来，这位管理者并不是武断的人，而是对候选人进行了认真的考核。在考核的时候，他完全按照自己的标准，并没有随心所欲地利用权力否定候选人，也没有因为顾全朋友的面子而录用候选人。正因为如此，这位管理者才没有做出错误的选择，最后也终于找到了真正有才能的人。

管理者也是人，也很容易受到感情因素的影响。但是，想要成为优秀的管理者，就必须在考核员工的时候，做到实事求是，按照正确的方式进行考核。如果滥用手中的权力，很可能会为企业造成不必要的损失，让企业管理陷入混乱之中。

在现实生活中，很多企业管理者在做绩效管理时，越做越累，并且也没有达到想要的结果。原因就在于他们缺乏管理能力，选择了错误的管理方式。所以，我们要明白，考核是管理的手段，考核的对象是员工，考验的却是管理者。这不仅考验管理者的能力、眼光，还考验其情商和品行。管理者只有按照正确的方式严格管理，才能与企业、员工实现共赢。

❺ 有效激励，员工自然能取得更好的业绩

在企业管理中，激励是每一位管理者都必须要重视的管理方式，在绩效管理中更是如此。无论什么时候，激励都是最有效的手段，能激发员工的积极性，取得更好的业绩。事实上，很多管理学家都非常重视激励机制，认可其重要性。他们借助激励机制不断地激发员工的热情、创造性和探索性，从而取得更好的业绩。同时，有效的激励还可以促进员工与企业建立和谐关系，有利于企业的长远和持续发展。

当然，除了对员工进行表扬或给予薪酬奖励、职位提升等，激励还包括更为广泛和深刻的内容，比如让员工有归属感，满足员工内心的需求。如果管理者把奖励设置得隐蔽一些，不仅可以满足员工的幸福感，也可以起到更大的激励效果。

其实，很多管理者都懂得选择不同的奖励方式，比如，在关键时刻，为员工送上"意外惊喜"。这种隐蔽性的奖励，对员工的激励作用非常大，还不会引起团队其他成员的不满。王建就是这样聪明的管理者。

王建是一家企业的管理者，他制订了完善的考核制度和奖励机制，对于那些取得良好业绩、有突出贡献的员工都给予适当的奖励。有一段时间，一位部门经理情绪很低落，工作积极性不高，似乎还有离职的想法。而之前他非常努力，积极参加各种活动，获得的奖励虽说不是团队中最多的，但也名列前茅。

于是，王建找到这位主管，与他进行了深入的谈话，这才知道他对晋升机制和奖励机制有意见，认为奖励制度不是看工作表现，而是看资历。他认为自己的付出没有得到相应的回报。了解了情况后，王建真诚地对他说："你的工作表现我都看在眼里，我很看好你，对你也很满意。我知道按照你的表现，应该得到很大的奖励，也应该得到进一步的提升。不过，目前我不能给你晋升，因为其他员工的能力也非常不错，而且对方的资历确实比你老一些。"

听了这话，这位主管神色暗淡了下来。接着王建笑着说："这个大红包你拿着，这是我特意为你申请的奖励。代表了公司对你的认可和激励。只要你继续努力工作，发挥出你应有的能力，那么升职也不是问题了。"

这位主管接过了红包，明白了领导对自己的认可，也就打消了辞职的念头。从那以后，他又充满干劲，积极努力地工作，因为他知道，只要有能力、有才华，那么领导一定能看得到，自己离升职也就不远了。

为员工制造"意外惊喜",是特别的奖励方式。虽然这种奖励的方式比较特殊,但是也可以起到激励员工的作用。除了专门的红包,还有特殊的节日酬谢、员工生日奖励,这些都能起到很好的效果。同时,管理者还可以把奖励分发给员工,比如争取到大额订单、获得数额较大的奖励时,与员工一起分享这笔奖励。这样做的结果是员工会对管理者多一份信任与敬重,更愿意积极努力地工作。

管理者要懂得满足员工的需求,给予员工关心,帮助他们解决生活上的困难。当员工解决日常生活的琐事造成的烦恼时,就会全心、高效地工作。比如,日立公司就曾经专门为解决员工的婚恋问题而架设了一座"鹊桥"。新员工进入公司后,就可以把自己的家庭情况、喜好、身高、体重等资料输入"鹊桥"系统中,一旦有员工达成意向,公司就会安排双方约会,为他们牵线搭桥。

除此之外,聪明的管理者还会给予员工充分的信任,让他们感受到领导的重视。这种信任对员工来说非常重要,如果管理者不信任员工,怀疑他们的能力,私下里采用多种方式考验他们,员工怎么能不产生消极情绪,又怎么能全身心地投入到工作中去?

沃尔玛之所以成为美国乃至全世界最大的零售集团之一,就是因为每一位高层管理者都牢记"信任"二字,给予员工充分的信任。即使公司内部出现盗窃行为,管理者也不会怀疑自己的员工。充分的信任让员工感受到了温暖,也因为这种高尚的情感而变得积极进取,进而在工作上充满了干劲。

当然,聪明的管理者还非常重视榜样的作用,不仅在工作中以身作则,为员工树立良好的榜样,还会借助先进的事例来点燃员工的激情,为员工带来无限的信心和力量。有了榜样,员工就明白什么样的行为值得肯定,什么样的人值得学习,这样的结果会使整个团队都朝着一个目标努力,业绩自然就得到了快速的提高。

总之，有效激励，是员工提高工作效率、企业提高业绩的重要因素。无论采用什么样的激励方式，只要管理者能满足员工的需求，激发员工的进取心，就能够得到好的结果。用激励来提升效率，这是员工的需求，更是管理者最正确的选择。

❻ 重点是结果，而不是过程

管理学家斯蒂芬·罗斯时常为企业管理者进行管理培训，他曾经说过："作为企业的首席执行官，面临的最大挑战是如何发挥企业的领导组织能力来激发员工的工作热情，让员工能够主动工作，愿意工作。"

斯蒂芬·罗斯认为，企业管理者的主要任务是让每一位中层管理者切实参与到企业的管理中，让每一位员工成为最佳的自我管理者。管理者想要实现这个目标，就不能把员工管得太死板，不能紧紧抓住员工的手不放松，而是应该放开手让员工去做想做的事情，根据公司的制度来自行制订规则。换句话说，管理者可以考核结果，给员工设定一个明确的目标，有策略地为他们指明方向，在工作中给予其适当的监督即可。员工在保证工作状态的情况下，严格按照标准检验自己的工作成果，那么员工就可以高效地完成任务，获得好的结果。

对于这一管理经验，斯蒂芬·罗斯称之为"流程自由"。简单来说，管理者把流程的自由还给员工，在遵循企业大方向的前提下，让员工自己决定如何工作。这样一来，员工才能养成独立思考问题和解决问题的能力，才能形成主人翁意识，而不是被管理者"驱赶""强迫"去工作。管理者要求得越严格，员工的压力就越大，积极性也会受到严重影响，从而无法提高工作效率。

然而，在现实生活中，很多企业的管理者都忽视了这一点，他们重视结果，也不放松过程。在管理的过程中，不敢放开手让员工独立工作，甚至时时刻刻都要在一旁监督。久而久之，员工失去了主观能动性，被催促时就再往前走一步，或养成依赖心理，缺乏真正的工作能力。

更重要的是，员工和企业是分离的，员工认为自己只是被领导监管的打工者，并没有把自己当作是企业的一分子，更不会关心企业的业绩好坏、生死兴衰。在他们的心中会形成这样的想法："企业是不是我的，与我没关系。你是管理者，你才应该关心，我只是为了生活满足温饱，没有必要关心。即使我关心了，又有什么用呢？你依然不信任我，我也得不到什么。"这种思想一旦根深蒂固，就意味着管理者彻底失去了员工的心，即使想出再好的管理措施、奖励机制，也不会有好的效果。

因此，管理者应该在流程上给予员工自由，只需把重心放在结果上。这样一来，员工不仅能更加投入、认真负责地完成工作，还能感受到管理者对自己的尊重和信任，进而形成归属感和自豪感，更愿意把自己当作企业的一分子。

我们来看看下面这个例子。

谷歌公司的管理者就善于给予员工自由，他们把每天工作时长的20%划归为"员工自由时间"。在这段时间内，员工是自由的，完全不受限制，可以处理私人问题，甚至还可以"偷懒"。但是，在另外80%的时间里，员工必须完成工作任务，提高工作效率。

谷歌的管理者是聪明的，他们知道即使不给予员工那20%的自由时间，员工一样会"偷懒"，甚至"偷懒"的时间可能会更长。再严格的监督，也无法避免这种情况的发生。既然如此，为什么不让员工公开、自由地支配一小段时间呢？通过20%的自由时间，员工感受到管理者的尊重和信任，那么，他们自然就能够做好自己的工作，付出最大的努力与热情。

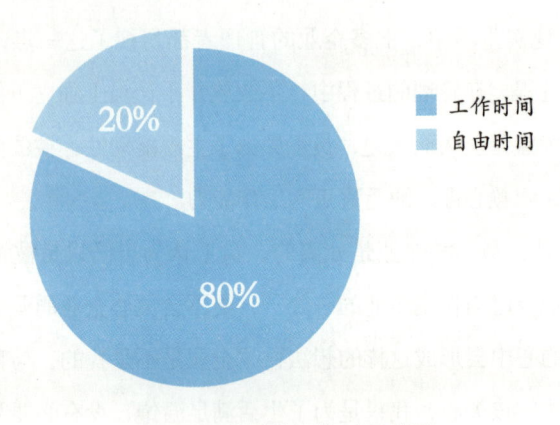

图 7-2　谷歌公司的时间分配

当然，在这个过程中，管理者要让员工认识到结果的重要性。结果就是业绩，这不仅是管理者需要关注的，还应该是员工需要关注的。管理者把结果的重要性告知员工，让员工明白，取得好的业绩，可以有什么样的奖励；没有好的业绩，将会有哪些处罚，这样就可以让员工更积极、主动。但是，管理者要注意一点，必须把结果与绩效管理、奖励机制结合起来，做到奖罚分明，令行禁止；大功大赏，小功小赏；大错大罚，小错小罚。只有做到目标明确，管理到位，才能保证目标的顺利实现。

除此之外，管理者不能让员工太过自由，如果太过自由，员工变得懒散，那么也不利于员工发挥工作灵活性，还有可能让员工失去控制。所以，聪明的管理者应该选择一种"折中"的方法，给予员工自由，但是要控制在一定范围内，同时也要实行严格的监督。

比如，管理者将任务布置给员工，具体流程可以由员工决定，这样能够充分发挥员工的主观能动性。但是，管理者要定期监督员工的工作效率和工作进展，根据员工的实际情况进行处罚与奖励，督促其更好地完成任务。如此一来，员工才能关注结果，并且以结果为导向努力工作。

总之，管理者需要重视的是结果，而不是过程。注重对结果的考核，为员工设定明确目标，同时适时监督，督促员工高效、高质量地完成任务，不能过于控制，也不能过于放松，这样才能让企业提高业绩、获得经济效益。

第八章

建设好企业文化
——群体才有强大的战斗力和凝聚力

对于企业来说，企业文化是至关重要的，直接关系到企业的生存和发展。它能够塑造共同的价值观，形成强大的凝聚力，也可以催生群体意识，使团队具有强大的向心力和战斗力。所以，管理者应该注重企业文化建设，从而提高企业的核心竞争力。

❶ 建设好企业文化，形成强大的凝聚力

企业文化，简单来说就是企业内部的文化，其核心内容是企业精神和企业价值观。企业精神是企业文化中的本质要素，是众多企业员工的集体意识。而企业核心价值观是企业经营过程中，全体员工都必须信奉的信条。

对于企业来说，企业文化是至关重要的，关系到企业的生存和发展。同时，它还具有凝聚功能，能大大提升团队的向心力。也就是说，企业文化可以塑造共同的价值观，形成强大的凝聚力，也能够催生群体意识，有效地推动企业的发展。因此，很多管理者都非常重视企业文化的建设，希望能够提升企业的核心竞争力。

我们先来看看企业精神对企业的影响。企业精神，是企业的灵魂。美国著名管理学者托马斯·彼得曾说过："一个伟大的组织能够长期地生存下来，最主要的因素并非结构、形式或管理技能，而是我们称之为信念的那种精神力量，以及信念对组织中全体成员的影响力。"企业精神一旦转变为群体的心理定式，就可以通过明确的意识支配员工的行为，让员工的头脑中形成强大的信念。而这种信念可以大大提高员工的主动性和积极性，让员工心系企业的发展与前途，带着无限的激情去工作。

我们来看看下面这个例子。

日本东京的西武百货公司有一条激励措施，要求公司的任何一家商店和办公室都必须张贴一张宣传画，画面上是一幅巨大的人像，人像的头顶

上有一个小铁塔，塔尖的四周布满闪亮的火花。这就是企业的"热情发电图"，象征员工对公司的热烈情感会化作巨大的智慧，像闪电一样带给公司巨大的推动力。这幅"热情发电图"无时无刻不激励着所有员工，在员工心中形成一种信念，也激发员工自愿付出全部的努力与热情，进而取得意想不到的成绩。

很多企业管理者都选择用简练的语句来概括企业精神，比如沃尔特·迪斯尼公司提倡"让人们快乐"，3M公司号召员工"创造性地解决那些悬而未决的问题"，惠普公司的企业精神是"为人类的幸福和发展做出技术贡献"，玫琳凯化妆品公司则是"给女性无限的机会"。实际上，这种明确化的价值观、宗旨，在很大限度上起到了凝聚员工、刺激员工的作用，对于企业发展具有积极正面的促进作用。

如果缺少这种精神，员工就会失去动力和共同目标，就像十个大力士去推一辆货车，没有足够的信念支撑，没有强大的向心力，结果可想而知——失败，甚至因为想法不同、目标不明确而导致矛盾重重。

谈完了企业精神，我们再来谈谈企业文化的核心——企业价值观。可以说，企业文化的所有内容都是在企业价值观的基础上产生的，都是企业价值观在不同领域中的体现或具体化。日本"经营之神"松下幸之助曾经说过这样一句话："公司可以凭借自己高尚的价值观，把全体员工的思想引导至自身想象不到的至高境界，产生意想不到的激情和工作干劲，这才是决定企业成败的根本。"这足以证明企业核心价值观的重要性。

苹果公司的核心价值观是"为大众提供强大的计算能力"，正是在这种价值观的指导之下，企业形成强大的企业创新文化，并且将创新变成一种习惯，无论是经营管理还是产品设计都充满了创新。

乔布斯有一句名言："是否创新是鉴别领袖和跟风者最重要的标志。"事实上，苹果公司每一次发展上的飞跃，都是由技术上的巨大创新推动的。过去的10年，苹果获得了1300项专利，相当于微软的一半，相当于戴尔的1.5倍。同时，作为一位杰出的企业管理者，乔布斯还把创新意识灌输到每名员工的心中，让这种价值观影响着每一个人。

苹果公司原本是一家电脑公司，但是我们已经很难从今天的苹果公司发现原来的痕迹。这是因为无论是管理者还是员工都把创新刻在骨子里。对产品的创新让苹果公司很快实现了转型，并通过不断推陈出新，逐步转型成为高端电子消费品设计和服务企业。

iPhone的推出更是苹果的一大壮举，当时苹果手机刚起步，但是因为具有强大的创新能力，所以苹果成为潮流的推动者。在MP3领域，苹果也没有停下创新的步伐，依靠iPod+iTunes大获成功。

在产品营销方面，苹果也把创新发挥到了极致，创造性地推出"饥饿营销"，让无数消费者成为苹果手机的忠实用户。他们还进行了捆绑式营销，从iTunes对iPod、iPhone、iPad和iMac的一系列捆绑，既让消费者全方位体验了苹果产品的多样性，同时也让消费者对其产品产生更强的依赖性。

而在商业模式的创新方面，苹果公司也不甘落后，开创了一个新的商业模式，让苹果获得了终端内容服务的巨大市场，实现了企业的战略转型。

正是因为管理者在"为大众提供强大的计算能力"这一核心价值观的指导下，不断地强化创新这一企业文化，所以才把全体员工的思想引导到一个崇高的境界，也激发了员工的热情，对于企业发展产生了重大影响。

因此，在现代企业中，建设良好的企业文化，是不容忽视的重要内容。

让员工形成共同的价值观和强大的信念，才能形成强大的向心力，进而齐心协力为实现企业目标而不懈地奋斗。简单来说，企业文化建设好了，企业就能够形成向心力。而企业的向心力形成了，那么企业就具有了强大的战斗力，进而获得更好的发展。

❷ 核心价值观不只是一句空话

J.汤普林在指挥英国皇军女子空军时说过这样一段话："通过统一一种力量，使这种力量产生叠加升级，从而统一各个分散的力量，就犹如磁石一样给别人一种凝聚的目标。要确定整体目标，须明确共同利益；组织目标越能反映个人需求，个人需求越能促进组织目标。"企业想要更好地发展，就必须统一核心价值观。

无论什么时候，管理者必须让员工清楚自己的目标是什么，必须知道自己要做什么，为什么要做。当每一名员工都坚信自己是为了企业的目标而奋斗，为了共同的利益而努力，那么他们就会满怀激情、不遗余力地做出自己的贡献。

这就是核心价值观对企业的重要性，我们在前文中已经说过，这里就不再赘述。但是，管理者只提出核心价值观还远远不够，因为核心价值观不仅仅是提出的一个口号，也不是挂在墙上的一条标语或一条行政指令。它是源于人们内心、能够让员工信奉的信条。因此，管理者在提出核心价值观后，还要将其真正落实到日常的运营管理中，根植到员工的内心深处。同时，管理者不能"一言堂"，而应该根据企业实际情况，使价值观科学、合理，同时还要兼顾员工的利益，只有这样才能增强企业的凝聚力和战斗力。

在《华为基本法》中，华为从企业追求、员工定位、技术领先、敬业精神、利益机制、企业文化、社会责任等方面确立了七条企业核心价值观。即华为的追求是在电子信息领域中实现顾客的梦想，并依靠点点滴滴、锲而不舍的艰苦追求，使华为成为世界级领先企业；认真负责和管理有效的员工是华为最大的财富；广泛吸收世界电子信息领域的最新研究成果，虚心向国内外优秀企业学习，在独立自主的基础上，开放合作地发展领先的核心技术体系，用华为卓越的产品自立于世界通信列强之林；爱祖国、爱人民、爱事业和爱生活是华为凝聚力的源泉；华为主张在顾客、员工与合作者之间结成利益共同体；资源是会枯竭的，唯有文化才会生生不息；华为以产业报国和科教兴国为己任，以公司的发展为所在社区作出贡献。

与其说，这是企业的核心价值观，不如说是对于企业战略和行为边界的划定。正是因为任正非懂得建设核心价值观的重要意义，所以才带领华为逐渐走向强大与卓越。

华为的追求是在电子信息领域中实现顾客的梦想，通过不懈的努力使得企业成为世界领先的企业。在这一战略和思想的指导下，华为始终不断地进行探索、创新。现在，全球5G产业发展迅速，用户的需求不断更新，于是，华为着力于通过建立宏杆微立体组网，以及最大化宏站价值来建设一张无处不在的千兆体验网络。为了实现这一目标，华为持续推出了全系列的5G基站产品，解决运营商面临的挑战，还首次发布了性能和节能双提升的全新MetaAAU——这一创新提升了5G覆盖率和集成度，还使用户体验提升了60%，能耗降低约30%。

华为主张爱祖国、爱人民，致力于使企业成为令国人骄傲的民族品牌。从制造出了世界一流的手机芯片，到进军电脑芯片市场，开发笔记本电脑和智能手环，再到通信独立自主知识产品的获得，以及5G的研发与创新，企业和团队所走的每一步，都是为了实现这一伟大梦想。

事实上，在华为的发展历程中，也经历过一段艰难的时期，面临"内外交困"的危机。我们可以想象一下，如果没有"发展领先的核心技术体系，用我们卓越的产品自立于世界通信列强之林"的核心价值观，或者没有把这一价值观根植于心，那么就很难唤起每个人心中的民族责任感与使命感，更难让所有华为人众志成城，为了远大的目标而不断拼搏。正因为华为的核心价值观不是一句空话，所以才最大限度地激发了每一个人的创造力、创新力，使得企业迅速崛起，并且成为对全球的发展有着重大推动作用的科技公司。

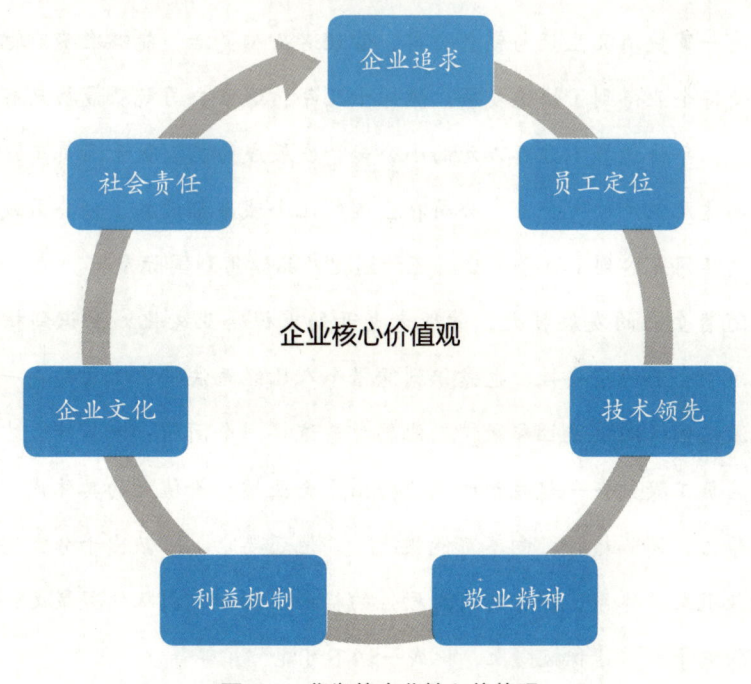

图 8-1 华为的企业核心价值观

核心价值观就像一盏明灯，指导和激励着企业员工坚定不移地奋斗。然而，在现实生活中，很多企业管理者并没有做到让核心价值观真正地落地，在企业内部没有真正地进行宣传，只是让它躺在文件柜里；没有针对新员工的企业文化培训，也很少组织相关文化交流活动。员工对企业的核心价值观所提倡的理念都不熟悉，更别说根植于心了。

同时，很多管理者，尤其是小企业管理者把个人的意志、思想当作企业的核心价值观，而不是考虑公司员工共同的思想，所以员工根本不认同这样的价值观。还有一种情况，管理者没有从企业实际情况出现，一味地模仿或照搬国内外著名企业的核心价值观，使得价值观的理念缺乏特殊性、不适合企业所处的特殊环境。这样的核心价值观根本无法落实，更无法有效地激励员工、凝聚团队的向心力。

有一家快消品生产与销售公司，管理者头脑灵活，能够准确地把握市场，使得企业得到了快速发展。短短十几年，这家公司就从最初只有几十名员工，年销售额不过百万元的小公司，发展成为拥有数千名员工，年销售量高达几亿元的大企业。公司在全国的几个城市都设立了分公司或办事处，销售网点达到上百个，公司还计划把产品销售到国际市场。

随着企业的发展壮大，管理者也开始重视企业文化，意识到核心价值观对于企业的重要性，也意识到凭借个人已经无法将团队团结在一起，不能激发团队的创造性和激情。他思考着这样一个问题：依靠什么才能将数千名员工凝聚在一起呢？于是他提出了企业核心价值观的具体内容，即"竞争力、团队精神，向不可能挑战"。他还要求员工做出十分完整的核心价值观文件体系，制订具有激励性的标语，比如"团队的凝聚力，就是企业的竞争力""积极向上，挑战一切不可能"，等等。

然而，核心价值观提出来了，标语也贴在了各分公司的墙壁上，但是这些却并没有从上至下地渗透，导致其形同虚设。比如，团队精神，因为价值观没有落实，没有获得员工的认同，所以企业各部门之间的协作并不顺畅，管理层之间也是钩心斗角，还出现了部门主管压制、排挤员工的现象；而分公司之间的合作就更难了，互相推诿等现象层出不穷。

那么，我们应该如何形成统一的核心价值观，获得员工真正的认同，并且根植于心呢？很简单，管理者要以人为本，制订每一项管理政策和制度时，必须以"人高于一切"的价值观为准则，并且将这一价值观贯穿于所有的管理活动之中。管理者不能以自己的意志为主，而是要以所有员工的共同思想为基础，制订符合员工共同利益及企业特殊性的核心价值观。对于这样的价值观，管理者必须给予鼓励和支持，给予员工尊重和重视，同时也要让员工的个人价值观更好地融入企业的核心价值观中。

更为重要的是，管理者作为企业核心价值观的主要决定者，不能随心所欲，成为价值观不能有效落地的破坏者。事实上很多企业管理者都会犯一个错误，用自己的权力干扰甚至破坏公司核心价值观的落实，使其成为一句空话。比如，在管理者新老接班的时候，新管理者为了巩固自己的地位或急于做出成绩，便打破之前管理者制订的一切规章制度、战略部署，使公司的核心价值观成了摆设。

总之，企业核心价值观至关重要，管理者必须将它落实下去，获得员工的认可。只有当核心价值观得到真正落实和发扬时，其倡导的理念根植于心，员工和企业才能真正迈向卓越。

③ 企业文化是"软约束"，更是一把利刃

对于企业来说，企业文化就是它的灵魂。

我们知道，企业管理者会制订很多规章制度来规范员工的行为，确保员

工能保质保量地完成任务，保证生产的正常进行。但是，即使企业已经制订了很多规章制度，也很难面面俱到。企业的规章制度再完善，也无法得到所有人的认可。更多时候，企业制度只是条条框框，是冷冰冰的，很难让员工自发自觉、心情愉悦地去工作。

这个时候，就要借助企业文化这种无形的约束来规范员工的行为，并且逐步将这种员工都认同的思想和价值观转变成心理定式，促使他们对企业的规章制度做出积极的响应。这种约束与规章制度相比，更注重员工的心灵、信念、精神，虽然无形，但更有效果。

企业文化最早兴起于日本。当时美国经济发展迅速，但是当工业分工日益细化的时候，流水线上的工人便不满足于现状，不再愿意只做拧螺丝、按开关等简单而无趣的工作，更不愿意成为森严制度下的"活机器"。他们的工作积极性大幅度降低，甚至还出现了消极怠工、罢工等现象。

正在这时，美国人发现日本的一些企业发展迅速，不论是积极性还是业绩都比自己高出许多。于是，一些美国人到日本考察，经过专业、仔细地研究之后，他们发现美国企业倾向于战略计划、组织机构、规章制度等方面的硬件管理，缺乏对人的重视，所以使企业失去了活力，员工失去了热情和积极性；而日本企业内部则有一种巨大的精神力量，促使整个企业都活力满满。而这种精神力量就是企业文化。

可以说，企业文化是一种"软约束"，但是对于员工来说，它比那些规章制度更有效，更能激起他们的热情。而对于企业管理者来说，它就是一把利刃，能让管理者变得更轻松和高效，能让团队更具有战斗力和凝聚力。

惠普公司非常重视企业文化建设，在这方面可以称得上是企业界的一把标尺。20世纪40年代，毕业于斯坦福大学的威廉·惠莱特和大卫·普克德创办了惠普公司。

公司成立之初，惠莱特和普克德就明确提出了公司的价值观和经营理念,并且把这些价值观和经营理念具体体现在了对员工的聘用和选拔上,同时在生产过程中,也不断向员工灌输企业的宗旨和理念,使其成为惠普公司的核心价值观。在经营管理中,惠莱特和普克德始终保证企业文化从上到下渗透,用文化理念影响每一名员工和管理者。

与此同时,他们还不忘与时俱进,对企业文化进行及时调整和修改。20世纪90年代后,惠普公司转变了经营重点,希望能在计算机领域寻求发展和突破,随着公司规模的扩大,惠普的企业文化也在不断调整,变得更丰富、更宽广,这使公司管理长期保持稳定和高效。

约翰·科特则说:"经过调整后形成的新企业文化体系,其主流趋势使得管理对市场经营环境能够更加及时地做出反应。因此,它也是一种比原有企业文化更高水平、更有效率、更能适应市场环境的企业文化。"

之后,惠普公司形成了独特的经营管理之道以及企业文化,其核心价值观主要表现在五个方面。第一,信任、尊重个人,尊重员工;第二,追求更高、更好的成就;第三,正直,不可以欺骗用户,也不可以欺骗员工,不能做违反道德的事情;第四,公司的成功并不是依靠某个个人的力量来完成的,而是依靠大家的力量共同来完成的;第五,不断地创新,做事情要有一定的灵活性。而企业文化在企业内部所产生的强大感染力,也成为促进企业取得成功的重要因素。

企业文化,对于管理者来说,是管理企业的一张王牌。它能代替企业的领导者和规章制度来约束员工,让员工自觉地完成工作任务,自觉地发挥出最大潜能。管理者无须做具体的工作,在不知不觉中,庞大而又复杂的人力调配工作就完成了。有了良好的企业文化,所有员工都明确自己应该去做什么,应该遵循什么样的标准。而这个时候,管理者的工作就变得相对轻松,效率也得到大幅度提高。

所以,企业文化是一种"软约束",更是一把利刃。这种软约束,让员工不再排斥管理者的管理，不再因为必须遵守各种制度而心怀不满，同时在核心价值观、企业共同愿景的影响下，所有员工都把企业的目标当作是"我们的目标"，而不是"他们的目标"。这样的话，企业的凝聚力才会高涨，业绩也会大幅提升。

④ 良好的愿景，能够把所有员工凝聚起来

我们先来看看下面这个故事。

斯巴达克斯出生于希腊联盟中的色雷斯，当罗马军队侵入北希腊时，他被俘虏，并成为一名角斗士。作为奴隶，他没有自由、尊严，也没有主宰自己命运的权利，只能成为在角斗场中厮杀的"猛兽"。但是斯巴达克斯不甘就这样被罗马人欺压，于是他与同伴克雷斯、奥梅尼奥斯逃离角斗士学校，并发动起义。

很快，起义队伍得到壮大，发展成为拥有十余万人的队伍，并且多次与罗马军队战斗，获得一次又一次胜利。不幸的是，起义最终被镇压，斯巴达克斯战死沙场。但是，斯巴达克斯的反抗精神却激励着无数被压迫的人，他的部下仍与罗马军队战斗，时间长达十年。

后来，人们为了纪念斯巴达克斯，拍摄了同名影片《斯巴达克斯》。在电影中有这样一个场景：阿普里亚决战后，罗马人并不知道斯巴达克斯已经战死，以为他逃走或被俘了。罗马军统帅克拉苏对着被俘虏的起义士兵说："你们曾经是奴隶，将来也只能是奴隶。但伟大的罗马军队以慈悲为怀，只要你们能把斯巴达克斯交出来，就不会被钉死在十字架上。"

但是在场的起义士军没有一个人出声,当克拉苏下令钉死他们的时候,一名士兵站了出来,视死如归地说:"我是斯巴达克斯。"

声音还未落,另一名士兵也站了出来,大声说:"我才是斯巴达克斯。"

接下来每一名士兵都站了出来,每一个人都说自己是斯巴达克斯。他们不畏死亡,也没有丝毫的犹豫。他们之所这么做,是因为信任和尊重斯巴达克斯,更是因为斯巴达克斯给他们创造了一个共同的愿景——只有勇敢地反抗罗马人,才能获得自由和幸福的生活。

对于一个人或一个团队来说,愿景的作用非常强大。英国作家乔治·萧伯纳曾生动地描述过:"生命中真正的喜悦源自当你为一个自己认为至高无上的愿景,献上无限心力的时候,它是一种自然的、发自内心的强大力量,而不是狭隘地局限于一隅,终日埋怨世界未能给你快乐。"一个人无论做什么事情,最关键的就是要充满动力和信念。一个团队想要实现某个目标,最关键的就是要有共同的愿景,一旦建立了共同愿景,就可以激发出强大的力量,让所有人都共同努力追求卓越。这不是被动的,而是发自内心的。

愿景主要涵盖两个方面,第一,指那些有待实现的具体意愿;第二,指想要实现的未来蓝图。个人有个人的愿景,企业也应该有企业的愿景。只是企业愿景是所有员工都接受和认同的,是团队成员之间共同的理想和蓝图。它描绘了企业未来的可能性,是企业长远的战略规划。在共同愿景的引导下,企业明确地知道自己的发展方向,以及达到这个目标后,企业将会获得怎样的成就。

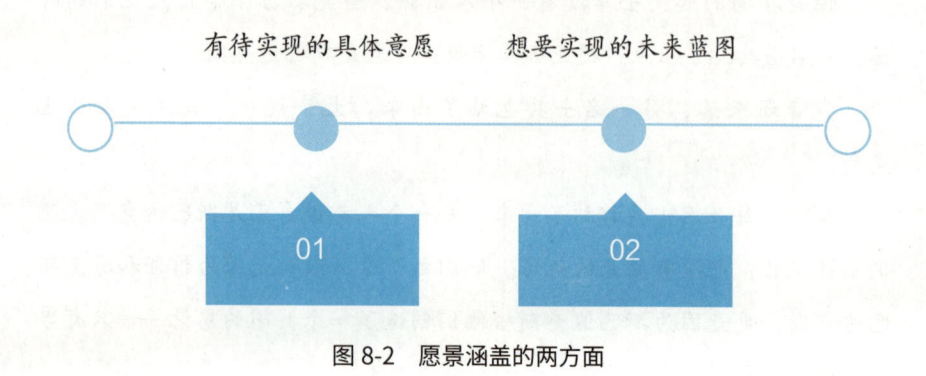

有待实现的具体意愿　　想要实现的未来蓝图

01　　02

图 8-2　愿景涵盖的两方面

换句话说，愿景是企业的长远目标，是发展路上的指南针。在它的引导下，每名员工都会在遇到挫折、困难或逆境时，心有所向，永远坚定、执着地前进。

因此，在经营管理企业的过程中，管理者需要为企业的发展制订良好的愿景，并且把它当作全体成员共同的追求和强烈的信念。而当这种共同的愿景成为凝聚力、动力和创造力的源泉时，团队的力量就会越来越强大，企业的发展也将越来越强盛。

20世纪60年代初，美国总统肯尼迪宣布太空计划：美国将在10年内实现一个目标，就是将宇航员送上月球并安全返回。这是一个让美国人振奋的愿景，无数勇敢者为了实现这个目标前赴后继。尽管后来肯尼迪被刺身亡，但是这个计划依旧被执行了下去。经过了六年，美国人终于将宇航员送上了月球。

我们再看看下面这个例子。

1996年，美国动画片《玩具总动员》上映，获得了非常高的票房，并在全球范围内引起了轰动。这让在中国的两个兄弟跃跃欲试，他们在这部电影的影响下也创建了属于自己的公司，投身动漫行业。这两个兄弟就是梁定雄和梁定邦，而这家公司就是环球数码。

在公司刚成立时，梁定雄就描绘出一幅CG电影产业的美好蓝图，在拍摄第一部作品《魔比斯环》时他们也下足了功夫，从法国国宝级大师让·纪劳手中买来《魔比斯环》版权，还邀请中央美术学院的陈明来担任制作总监。

梁氏兄弟有远见，有激情，也不缺资源和人脉。同时，国内的CG产业刚起步，是朝阳产业，同行业都很看它的前景。只要能成功地推出《魔比斯环》，那么企业的发展前景将充满光明。然而，就在即将成功的关键时刻，他们却放弃了，通过"换股"的方式退出了公司。原因很简单，因为前期投资巨大，企业资金很快就消耗殆尽，陷入了亏损的困境。一开始，梁氏兄弟寄希望于企业能够上市，但是由此融资的6630万港币根本不能解决资金短缺的问题。所以在债台高筑的情况下，他们选择了放弃。

梁氏兄弟虽然抓住了CG行业的机遇，也为企业勾勒出了美好的蓝图，但是他们并没有将蓝图转变为企业共同的愿景，更没有使员工相信这个美好的愿景一定能实现。因为缺少引导，所以在遇到危机时，员工的行动并不坚定、不执着，并未付出全部的努力去解决危机。

事实上，就在同一年，CG电影的春天到来，《怪物史莱克》《海底总动员》《指环王》等电影如雨后春笋般出现，并且每一部都获得了巨大成功，这也让电影公司经济效益和口碑都得到空前提高。

一家企业想要有更好的发展，良好的愿景是必不可少的。一个团队想要产生巨大的向心力，让员工凝聚起来，管理者就必须树立共同的愿景。如果所有员工都认同共同愿景，那么在实现目标、追求愿景的过程中，员工就能激发出强大的力量，发挥更大潜能，使企业的发展获得源源不断的动力。

当然，愿景的作用不只是让员工产生强大的信念、动力，为企业发展指明明确的方向。从某种程度上来讲，管理者建立愿景的过程，也是让员工相互认同、相互信任的过程。在共同愿景的号召下，员工放弃分歧，团结一致，从而激发出团队的活力与和谐。

因此，我们需要明白，良好的共同愿景，就是优秀管理者管理团队时的撒手锏。我们应该建立良好的愿景，将整个团队凝聚起来，让所有人发挥出最大的力量，不断地追求目标、不断地追求卓越。

❺ 把感恩融入企业文化中

牛根生曾说过："经营人心是蒙牛的终极目标，而感恩之心是蒙牛文化的灵魂。"在牛根生看来，中国人最深层的文化就是懂得感恩，于是他把感恩融入了蒙牛的企业文化中，以蒙牛的事业为己任，不以蒙牛的利益为己有，回报员工，这是对员工的感恩；提供绿色乳品，传播健康理念，回报顾客，这是对顾客的感恩；财散人聚，财聚人散，回报股东，这是对股东的感恩；关注环保，回报社会，则是对整个社会的感恩。

从企业战略管理的选择顺序来看，回报顾客—回报员工—回报社会—回报股东，依次组成蒙牛的感恩文化，可见牛根生以及企业对于感恩的重视。

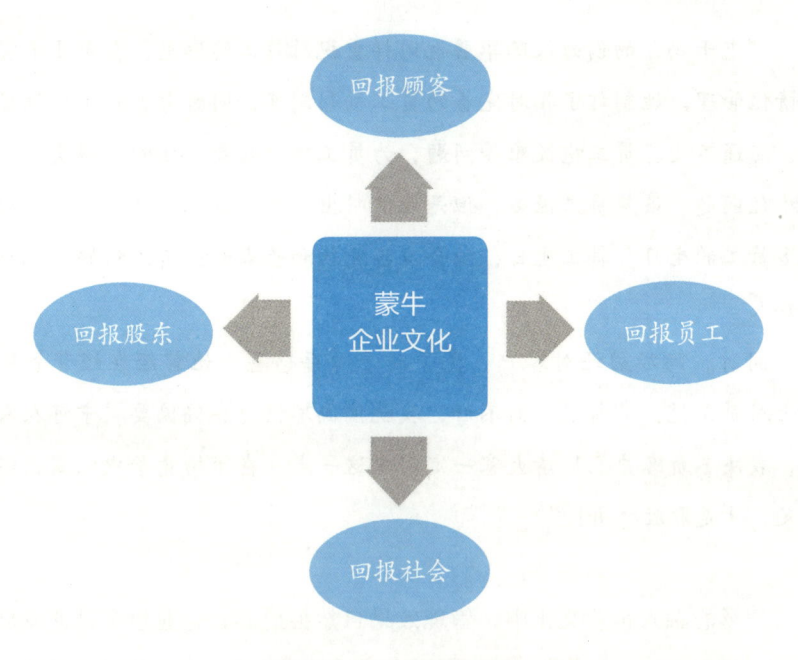

```
        回报顾客
          ↑
回报股东 ← 蒙牛企业文化 → 回报员工
          ↓
        回报社会
```

图 8-3　蒙牛的企业文化

是的，感恩应该是一家企业最应该强调的品质，也应该是企业文化中的灵魂。管理者只有把"感恩"这两个字融入企业文化之中，对顾客、员工、股东以及社会怀有感恩之心，才能在积极、友善、团结的氛围中迸发出强大的动力，进而使企业走向更辉煌的明天。

日本松下电器之所以能够长盛不衰，是因为企业文化中包含了感恩，而松下幸之助也非常推崇"感恩文化"。在他看来，一个人只有懂得感恩，才能对自己所做的事情充满活力并保持信心。

松下幸之助认为企业所有的成就都是通过员工努力奋斗而来，所以管理者必须懂得感恩员工、尊重员工。所以，他会从一些小事做起，给予员工鼓励、关怀与重视，如为员工倒茶。正因为如此，松下的每一名员工都爱岗敬业、拼搏进取，把企业当作自己的家，把企业的目标当成自己的目标。

"老干妈"的创始人陶华碧也同样重视对员工的感恩，在企业中实行亲情化管理。她制订了相对完善的员工福利制度，同时考虑到工厂位置偏远、交通不便、员工吃饭难等问题，为员工建造宿舍、食堂，解决了员工的吃住问题。虽然员工很多，但是她能叫出大部分员工的名字，并且记住很多员工的生日。员工生日，她会准备礼物和长寿面；员工结婚，她会当证婚人。

同时，陶华碧还对客户、竞争对手心存感恩，她曾经在经营管理大会上对员工说："都说无商不奸，我就偏偏不信，我偏偏要'宁可人人负我，我决不负客户'！请大家一定牢记这一点，在市场竞争中以诚信经营立足，才是取胜之道！"

把感恩融入企业文化中，管理效果自然会提高，企业也会迅速发展起来，并在市场中立于不败之地。同时，当感恩成为企业文化中的重要品质和精神核心时，组织之间的关系将变得更加和谐、紧密。因为当每个人都怀有感恩之心，管理者感恩员工，员工感恩管理者，那么就不会以绝对的视角去看待人和事。所有人都会不自觉地寻找事物美好的一面，让自己始终保持好的心情和积极的态度，这样一来，矛盾和冲突自然消失了，整个企业就会变得和谐友爱。

我们来看看下面这个例子。

小张是一家企业中的一名普通员工，因为得了重病不能正常工作，还因为治病花光了所有的积蓄。医生告诉还有治愈的希望，但是需要进行器官移植。器官移植是一项大手术，光是手术费用就高达30万元，这对于普通员工来说简直是天文数字。小张陷入了沉思，最后为了一家人的生活，他不得不放弃生存的机会。

很快，企业管理者得知了这件事，不仅对他表示了关心和鼓励，还组织企业员工积极捐款，为他解决了手术费的问题。管理者还表示，公司都为员工缴纳了医疗保险，可以报销大部分医药费。如果小张后续治疗需要费用，还将继续想办法解决，让他不要有后顾之忧。就这样，小张很快完成手术恢复了健康，并回到了工作岗位。

管理者对此说道："员工是企业最宝贵的财富，为公司发展立下了汗马功劳，我必须感恩他们为企业的付出。"同样，对于管理者及企业员工的无私帮助，这位员工心中也充满了感恩，回到岗位后更加努力地为企业工作，倾尽全部精力来回馈企业和管理者。

结果，这家公司的管理者身边聚集了一大批忠诚的员工，使企业得到了迅速发展壮大，短短三年时间就从只有几十名员工的小企业发展成为拥有上千名员工的大企业，产品畅销国内市场，还远销到欧美市场。

把感恩融入企业文化中，管理者感恩员工对企业做出的贡献，会对员工更加关爱、重视；而员工感恩管理者为自己提供工作机会，帮助自己解决问题、渡过难关，自然会更加忠诚、积极，全身心地投入到工作之中，创造更好的业绩。

可以说，企业的发展与壮大、企业财富的创造与积累，都离不开感恩之心。因此，管理者必须要重视感恩，对员工、客户、社会抱有感恩之心，并且把这种思想和精神根植于每一名员工的心中，而不是把它当作一句空话。齐心协力，努力拼搏，对客户、对员工、对社会充满真诚，企业一定会更加兴旺。

⑥ 激发向心力，让团队的力量最大化

一个优秀的团队，一定有着超凡的向心力。没有向心力，团队就像一盘散沙，团队中的每一个成员都无法团结友爱，无法互相帮助，更做不到"心往

一处想、劲往一处使"。就好像拔河，如果所有人都只管自己使劲，不管其他人是否与自己的步调一致，那么就不可能赢得比赛。相反，如果所有人的力量都在一条直线上，这股劲都朝着一个方向，那么很快就会把对手拉过线。

向心力，对团体来说非常重要，有了向心力，团体就能无往不胜，无论面对多么强大的敌人。事实上，这样的例子并不少，较量的双方实力悬殊，弱小的一方有着较强向心力，同心同德，反而会获得巨大的胜利；而强大的一方却好似一盘散沙，心不合，力量分散，那么，最终只能失败。

企业管理也是如此。想要把业绩提上去，让产品在市场上畅销，或想要完成一项艰巨的任务，如把企业拉出亏损的泥潭，这都需要管理者与员工同一条心，共同努力拼搏，目标就一定会实现，甚至能够创造奇迹。然而，管理者有自己的打算，员工对管理者也心怀不满，工作热情不高，工作效率低下，那么，原本正常经营的企业也会面临破产的危险。

管理者应该重视激发企业的向心力，打造一个具有极高向心力的队伍。如此一来，在激烈的竞争中，才不会被市场淘汰。

我们来看看下面这个例子。

谷歌是全球最大的搜索引擎公司之一，它之所以能取得如此大的成就，关键因素之一就是管理者非常注重企业向心力的激发，而且谷歌有一套独有的激发向心力方法。这个方法就是管理者始终都坚持的"以人为本"的企业文化理念。

谷歌的管理者敢于授权，尊重员工的劳动成果，赋予员工充分的自主权，并且在资源上给予支持。在这样的平台上，每一个人都能够充分发挥自己的才华、实现自己的理想抱负。对员工来说，这一点非常有吸引力。同时，谷歌有很好的晋升机制，无论是中层员工还是普通员工，每年都有两次升职机会。只要你认为自己有才华，提出升职申请，得到上司和同事的认可，那么就可以升职。谷歌鼓励创新，允许员工提出新的想法、尝试新的事物，也接受员工因为尝试而出现错误，因为尝试的过程，就是犯错的过程。

管理者公平、公正地对待每一名员工，为所有员工提供优厚的福利。在生活上，员工在保证正常工作的情况下，可以在上班时间理发、按摩、洗衣服，还可以照顾孩子，甚至能够享受免费的心理咨询和法律咨询服务等。除此之外，谷歌的娱乐、假期、保险、管理等福利也非常优厚。比如，每名员工都有一定的陪产假；如果员工不幸离世，其配偶可以在未来十年内领取其一半的薪水。再比如，提出了海产品补贴计划，员工可以申请每周发放海鲜产品作为特殊补贴。

对于企业来说，向心力就像一只无形的手，将所有的员工团结在一起，形成一股强大的力量。"人心齐，泰山移"，每个人都心向企业，忠于企业，以企业的愿景作为自己的奋斗目标，企业一定能战胜困难、发展壮大。

那么，如何激发员工的向心力呢？

很多人认为有效的激励就是向心力的源泉。很多管理者认为激励就是奖励，设计激励机制的时候，往往只考虑正面的奖励措施，忽视甚至不考虑约束和处罚措施，结果使得激励不能取得预想的效果。

想要实施有效的激励，管理者不仅要制订完善的激励措施，最重要的一点是，必须要以身作则，用自己的实际行动来引导和带动员工的行为。

美国一家汽车公司的管理者，在面临公司即将破产的困境时，主动提出将自己的年薪降至1美元，以示与公司共进退的决心。看到这样的情形，全体员工被都激励和感染，表现出坚定向前的信念，下定决心与企业共存亡，发奋努力工作。为了将企业拉出泥潭，每名员工都努力贡献出自己最大的力量。正因为全体员工形成了这股强大的向心力，这家濒临破产的公司最终摆脱了困境，重新焕发出生机和活力。

因此，任何团体或机构之所以强大，都是因为向心力在起作用。向心力就是为了同一个目标共同努力奋斗的凝聚力。管理者确定企业的发展方向，激发员工的向心力，与员工一起努力拼搏，这样团队才能越来越团结、影响力才会越来越大，企业才能在市场竞争中站得更稳、走得更远。

第九章

危机管理
——没有危机意识，就是最大的危机

巴尔扎克说："一个商人不考虑破产，如同一位将军永远不考虑打败仗，只能算'半个商人'，是不成功的商人。"没错，一个商人没有危机意识，只能算"半个商人"，同样，一位管理者没有危机意识，只能算"半个管理者"。作为企业管理者要有危机意识，并且懂得如何在危机中求生存，这样才能为企业树起一道"防护网"，同时让企业走得更远。

① 没有危机意识，只能算"半个管理者"

在企业的发展过程中，危机是不可避免的。但是如果管理者能够未雨绸缪，提前制订规则，就能降低危机发生的概率。如果企业管理者及时发现危机，在情况还没有恶化的时候将危机扼杀在摇篮里，那么企业就能长久地在市场上屹立不倒。

波音公司的管理者有很强的危机意识，同时也注重提高员工的危机意识，避免员工过于安逸，缺乏竞争意识，产生骄傲情绪，丧失积极进取心。为此，公司特意摄制了一部模拟破产的电视片：在一个灰暗的日子，众多工人垂头丧气地拖着沉重的脚步，鱼贯而出，离开了工作多年的飞机制造厂。厂房墙面上挂着一块"厂房出售"的牌子，从扩音器中传来这样的声音："今天是波音时代的终结，波音公司关闭了最后一个车间……"

员工看到这样的影片，内心感到非常震撼，生出了强烈的危机感。他们意识到，只有全身心地投入生产，不断地进行自我提升，才能提高工作效率，才能让企业生存和发展下去。如果员工懈怠了，缺乏激情和斗志，那么波音公司就可能真的如模拟的那样——破产了。

俗话说"生于忧患，死于安乐"，只有在危机的压力下，企业管理者和员工才能充分调动起工作的积极性。可以说，危机会为企业带来不良影响，但也是企业发展的原动力，是企业不断进步的催化剂。事实上，无数成功的管理者都有强烈的危机意识，都注重对员工危机意识的培养。哈佛商学院教授理查德·帕斯卡尔说："21世纪，没有危机感是最大的危机。"微软首席执行官比尔·盖茨危机意识十足，他说："微软离破产永远只有18个月。"联想董事长柳传志认为："你一打盹对手的机会就来了。"百度首席执行官李彦宏说："别看我们现在是第一，如果你停止工作一个月，这个公司就完了。"

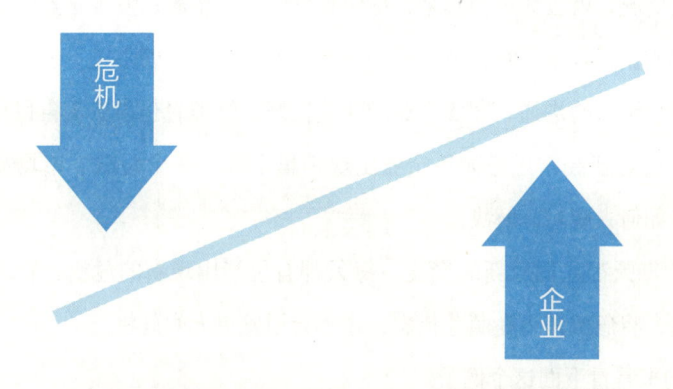

危

企业

图 9-1　危机是促进企业发展的原动力和进步的催化剂

任正非在《华为的冬天》中写道："十年来我每天思考的都是失败，我对成功视而不见，没有荣誉感、自豪感，而是危机感。也许就是这样华为才存活了十年。我们大家要一起来想，怎样才能活下去，才能活得久一些。失败这一天一定会到来，大家要准备好迎接失败，这是我从不动摇的看法，也是历史规律。"

著名的大文学家巴尔扎克也说过："一个商人不考虑破产，如同一位将军永远不考虑打败仗，只能算'半个商人'，是不成功的商人。"没错，一个商人没有危机意识，只能算"半个商人"，同样，一个管理者没有危机意识，只能算"半个管理者"。

因此，在危机发生前，管理者就应该时刻准备着，对各种可能发生的危机了如指掌。同时，管理者必须保持高度警觉，重视那些轻微的、看起来不起眼的"小危机"，并且及时有效地解决掉它们。

我们都知道，管理学上有一个著名的理论——"蝴蝶效应"，指的是微小的变化能引发一系列巨大的连锁反应。这一效应时常被引入企业的危机管理中，旨在告诫管理者要有危机意识，不要放任任何轻微问题。如果管理者不能居安思危，不及时发现和处理小问题，那么未来极可能爆发致命的危机。

因此，作为企业的管理者需要有大局观，有危机感，发现销量下降、利润下滑的情况，就应该重视起来，尽快找到问题的根源；发现企业内部存在的一些隐患或员工效率下降、情绪不稳定等情况，就应该着手进行调整、改革，与员工进行深入的沟通。即使企业的业绩良好，管理者也不应该盲目自信、盲目乐观，而是要经常思考如果企业出现销量下降、资金短缺、市场流失等情况，应该如何去应对、解决。

企业每天都在面对新的变化，每天都有可能出现新的危机，管理者只有抓住时机，将危机消灭在萌芽状态，才不会引发更大的危机。

我们来看看下面这个例子。

海尔的"小小神童"洗衣机一经推出就受到消费者的青睐，销量持续上升。但是这个时候出现了一个问题：一位上海客户在触摸洗衣机进水孔时，被一根"毛刺"划伤了小拇指。这位客户找到媒体，对海尔夸赞了一番，同时对产品提出了一些意见，而媒体在报道时，则使用了这样的标题——"海尔怕什么"。

张瑞敏看到这篇报道，立刻意识到这不是个小问题。这个小"毛刺"，刺伤的不是客户的手指，而是客户对海尔的信任。于是他在企业内部期刊《海尔人》上连续发表三篇文章，题目就是《我们怕什么》。文章中说："海尔面对国内外强劲的竞争对手，可是从未怕过！那么海尔怕什么？我们唯一害怕的只有我们自己！我们周围有看得见的'毛刺'，还有我们看不到的'毛刺'，但是最可怕的是我们思想上的'毛刺'！"

在之后的企业高级管理人员培训会上，张瑞敏又提起这件事，他意味深长地说："其实，当你的成果受到市场欢迎的时候，就说明很快要被别人超越了，而且别人怎样超越你，你永远也不会知道。既然如此，从成果出来的那天起，你就只有自己否定自己，再开发出更新更好的产品，永远战战兢兢，永远如履薄冰。例如我们遇到的'毛刺'事件，我们不可能去打官司，那太耗费精力了。我们能做的就是吸取教训，向用户赔礼道歉，进行赔偿。再尽快推出'小小神通'第二代、第三代。技术含量的高低应该由消费者来评定，消费者都来购买你的产品，那么你的技术含量就是受到了肯定。消费者不认可，技术含量再高也是没有用的。"

正因为张瑞敏有危机意识，重视这样的微小事件，不断强化它对企业的深远影响，同时借此对产品进行更新换代，重新建立消费者对产品的信心，才使得海尔始终站在中国家电市场的前端，成为中国消费者的首选之一。

居安思危，应该是每位企业管理者经营思想的核心。因为市场形势变化莫测，企业的各个环节都紧密相连。"牵一发而动全身"，缺乏危机意识，在一些问题上掉以轻心，企业就有可能面临亏损或破产的危机。

因此，在危机面前，管理者应该迅速采取行动，用最短的时间解决问题；在危机来临之前，管理者能够居安思危，把危机扼杀在摇篮之中，这才是管理者远见卓识的表现。

❷ 危机到来，第一时间做出决策就是最好决策

一位企业管理者在接受媒体的采访。

问："您的企业遇到过危机吗？"

答:"当然遇到过!"

问:"当危机来临时,您是如何处理的?"

答:"马上行动!"

问:"如果遇到经济或者其他方面的压力或意外呢?"

答:"马上行动!"

是的!马上行动是最好的答案。在危机面前,管理者要冷静地迎接它的到来,第一时间想出应对之策,接着马上付诸行动,这样才能将影响降至最低。很多管理者认为,应该想出万全之策,应该做好完全准备,只有这样才能确保不再出现意外,不再让事态继续扩大。然而事实上,不能及时做出决策,事态反而会越来越严重,小危机最终发展成大危机。

可以说,犹豫不决、瞻前顾后是行动的死敌,但同时也是危机管理的最大机会。在很多情况下,机会稍纵即逝,它不会留给我们太多思考时间。同样,危机的扩大也是如此。如果我们不能当机立断、迅速做出决定,那么就会遭遇更大的损失和失败。

事实上,很多企业的管理者都具有危机管理意识,也懂得时间对解决危机的重要性。因此,无论什么时候,无论遇到的是大危机还是小危机,他们都能做到在最短时间内做出最有效的决策,再立即付诸行动。

一位优秀的管理者,其管理智慧和才能正是在应对一系列的危机中体现的。身为企业的管理者,必须有超出常人的心智与勇气,在面对突如其来的危机时,有迅速做出正确决策的能力,以及立即付诸行动的勇气。

正如《英国十大首富成功秘诀》一书中所说,那些顶尖的管理人士之所以成功,除了善于思考的习惯及高瞻远瞩的思想,还有审时度势再付诸行动的速度。书中指出:"这才是他们最了不起的地方,这才是使他们出类拔萃、居于实业界最高职位的原因。一旦做出就立即付诸行动是他们的共同本质,'现在就干,马上行动'是他们的口头禅。"

摩根是一位出色的领导者,能在关键时刻做出及时而惊人的决策。19世纪末,铁路运输是支撑美国产业运输体系的支柱,但是当时的铁路是分散的,并没有联成一体组成庞大的铁路运输网络。

在这种情况下,很多铁路企业积极投资,希望能抓住这个绝好的机会。于是众多企业参与到铁路的投资中,投资金额越来越高,有的企业甚至为了加大投资力度,而选择频繁地拆散、合并,再加上经济危机袭来,包括摩根集团在内的众多企业、银行都面临着巨大的危机。

这个时候,很多企业把希望寄托在摩根身上,希望他能收购自己的公司。面对这样的危机,摩根迅速地做出了决策,高价买下了一些公司,并且大规模地投资铁路业。就是因为他能第一时间做出决策,使包括自己在内的很多企业渡过了危机,还获得了巨大的收益,并且影响了美国经济的发展方向。

任何企业都会遭遇危机,危机可能来源于外部,也可能来源于内部,但不管怎样,管理者都必须做到勇敢果断。我们需要明白:作为管理者,每一个决策都关系着企业的生死。在这种情况下,谨慎是对的,尤其在事态比较严重时,更需要三思而后行。但是情况瞬息万变,稍有犹豫,就会让事情变得越来越糟。作为管理者,必须冷静下来,迅速做出决策,指导员工采取正确的行动。如果过度谨慎,一直犹豫不决,无法做出决策,不仅会让情况继续恶化,还有可能摧毁团队的凝聚力,使企业陷入混乱之中。

在面临危机时,管理者更需要具备当机立断的行事作风。员工可以犹豫、恐慌,找不到正确的方向;可以不知所措,甚至放弃。但是,作为领导者绝对不可以。抓住时机、当机立断，及时解决问题，把负面影响降至最低，这才是企业管理者应该有的作为。

③ 临危不乱，才能在危机中求生存

危机来临，尤其是事态比较严重时，即使是有经验、有能力的人也会紧张、不知所措。企业管理者也不例外，他可能会慌张、惶恐，担心事态无法控制，担心企业承受不住压力。这些都是正常现象。

然而，优秀的管理者能让自己迅速冷静下来，并且快速做出决定。因为他知道，只有自己表现出冷静豁达、临危不乱的气势，才能让员工慌乱的心平静下来，不让企业陷入混乱之中；才能赢得宝贵的时间，及时地找到解决问题的方法，安然地渡过危机。

换句话说，危机到来时，如果管理者表现得和众人一样惊慌失措，那么再强大的团队也会变成一团散沙，顷刻间失去凝聚力和战斗力。如果管理者能保持冷静、迅速做出正确的决策，接着再带领团队立即展开行动，那么员工就会慢慢冷静下来，一起加入"战斗"之中。因此，管理者必须在最短的时间内冷静下来，了解企业遭遇了怎样的危机、知道自己和团队要采取怎么样的行动，然后从容不迫地、有序地带领团队去做应该做的事情。

我们来看看下面这个例子。

1990年，40岁的约玛奥利拉成为诺基亚的总裁。这个时候，诺基亚刚刚遭遇了巨大的危机——前任总裁雷默自杀。当时诺基亚面临着巨大的市

场压力，业绩连年下降，面临着被市场淘汰的局面。当这则不幸的消息传来后，诺基亚的情况更是雪上加霜，一时间企业面临着内忧外患。内部人心惶惶，无论是员工还是高层都慌乱不已，失去了继续拼搏的斗志；外部竞争压力依旧存在，人们对诺基亚似乎已经失去了信心。

在这样的危急时刻，约玛奥利拉临危受命。应该如何应对这样的危机呢？他没有表现出丝毫慌乱，而是及时采取了一系列措施，力求让诺基亚平稳渡过危机，同时寻求发展的机会。采取的第一项措施是彻底调查诺基亚的各项业务。诺基亚的投资项目覆盖了林业加工、电信、电视等不同行业。在这些项目中，林业加工和电视占较大比重。调查完成后，约玛奥利拉第一时间宣布了一项重大决策：放弃林业加工。这项决策让董事会震惊，员工也非常不满，但是他没有犹豫和畏惧，坚持以总裁的身份推行了这一决策。

紧接着，约玛奥利拉又宣布了第二项决策：放弃电视业务。要知道，诺基亚是芬兰第一大电视公司，放弃这个市场，对公司来说损失非常大。这个时候，董事会再也坐不住了，开始站出来指责这位新总裁。同时，员工的反应也非常激烈，他们愤怒不已，决定集体大罢工。但是，约玛奥利拉并没有妥协。

不仅如此，他还继续执行自己的计划，宣布第三项决策：诺基亚将重点发展电信业务，目标是把诺基亚打造成世界性的电信公司。

董事会和员工都不看好这位新总裁，他们认为他会将诺基亚带入万劫不复的深渊。在他们看来，这些决策都是自杀式的，无疑是把诺基亚的根基都砍掉了。但他们不明白的是，约玛奥利拉做出的决策，并不是慌不择路的肆意而为，也不是一时头脑发热的冒险尝试。经过详细的调查，他发现公司业绩下滑并不是因为技术的落后和人员素质的不均，而是因为激烈的市场竞争引发的。

芬兰林地面积大，所以很多大企业都在抢夺林业加工这块蛋糕，如果自己也跟着继续抢下去，只能鱼死网破。这看似砍掉了诺基亚的根基，实际上避免了企业被恶性竞争拖垮。电视业务的利润虽然丰厚，但是研发部门缺乏想象力和足够的创新，这也注定了这一业务不会得到很大的发展。

而电信业务则不同，它是一个充满生机的新领域，有着无限的发展前景。同时，全球市场已经开放，诺基亚如果能率先抢占这个庞大的市场，一定会有非常好的发展。最终结果证明约玛奥利拉的决策是正确的，因为他果断地引进了科技人才，并且积极发展手机通信业务，所以诺基亚很快打败摩托罗拉，成为全球首屈一指的移动电话生产商。之后，诺基亚继续以手机通信为发展方向，还发展了网络、无线通讯业务，成为全球领先的通信企业之一。

事实上，应对危机的能力，是体现管理者管理能力的关键。身为管理者，面对突如其来的危机，临危不乱才可以从容不迫地化解危机。而慌不择路、消极应对只能把企业推入深渊中。

作为管理者，我们必须表现出刚强、坚定、勇敢的一面，不仅要稳住员工的心，用实际行动告诉员工"这一切并没有想象得那么糟糕，我们可以战胜它"，还必须有足够的果敢和毅力，坚持正确的决策，坚持不被其他人影响与左右。当员工看到管理者能在危机中从容不迫时，他们内心的犹疑、担忧、焦虑等情绪会随之消失，所有的负能量也会转变为正能量，转变为对管理者的信任，对于未来的期待以及继续奋斗下去的信念。

来看看那些优秀的管理者，每一个人都能做到临危不乱，自信而坚毅地带领企业走出困境。就像约玛奥利拉那样，做到了临危不乱，以最快的速度做出决断，并且有强大的信念排除外界的干扰继续执行正确决策，从而抓住让企业渡过危机、获得新生的机会。

总之，在遭遇危机的时候，管理者是否能带领企业找到生存的契机，是否能化不可能为可能,依靠的就是那一份临危不乱和从容不迫。对企业和团队来说,管理者的信念、勇气、果敢和毅力都是至关重要的。

④ "突围"思维——找到突破口,跳出乱局

在企业中,管理者必须要有远见卓识,比其他人更清楚地看到行业、企业的走向。尤其是当危机突如其来的时候,管理者更需要有敏锐的洞察力,找到问题的突破口,及时地解决面临的问题。同时,管理者还需要有"突围"思维,通过透析局势,打破原有的既定战略,甚至改弦更张,颠覆之前的经营模式。

"突围"的思维,就是跳出乱局,寻找其他的道路。一条路走不通,没关系,停下来,冷静地思考与分析,摒弃原本的思维,清除原本的规划,把这一刻当作新的开始,那么结果就可能截然不同。作为管理者,我们都必须要有"突围"思维,只有这样才不会被困于危局之中。

史蒂文·乔布斯放弃学业的时候,遭到所有的人的反对,包括他的父母。但是,他坚信自己就是那个拥有未来、改变未来的人,因为他清楚地知道电脑的价值,尤其是个人电脑,将会在未来占据一席之地。他看到了电脑的发展前景,认为自己可以在这方面获得巨大成就。

于是,他和合伙人成立了苹果公司,并把被咬了一口的苹果用作公司的商标。苹果公司得到了快速的发展,然而这时乔布斯与董事会产生了很大的矛盾,不得不出售手中持有的股票,离开了自己一手创立的公司。

乔布斯离开后,苹果公司迎来了最强劲的对手,遇到了前所未有的

挑战。这个时候，乔布斯没有回到苹果公司，但是他也没有放弃自己的梦想。他跳出了原有的思维，开始研发新的电脑技术平台，这一次他又获得了成功。乔布斯回归苹果后，依靠这套技术，成功地挽救了苹果电脑，也让苹果公司走出危机，重新回到电脑行业的顶端。

乔布斯因为有"突围"思维，在遭遇瓶颈的时候，敢于自我颠覆，敢于寻找新的出路，所以重新获得了成功。个人的发展是这样的，企业的发展也应该如此。作为企业的管理者，在企业遭遇发展瓶颈或重大危机的时候，需要迅速、准确地重新定位企业，甚至颠覆之前的做法，以全新的姿态重新迎接挑战。如此一来，企业才不会在困境越陷越深，才能找到新的发展机遇。

这是一个变化莫测的世界，市场上的形势更是瞬息万变。想要把企业经营得更好，想要在危机中求生存，管理者就必须要有"突围"思维，那些缺乏"突围"思维的管理者，终究会将企业带入深渊，终究会被这个时代所抛弃。那么管理者如何才能找到突破口，带领企业跳出乱局、迎来新生呢？很简单，摆脱线性思维，寻找突破，寻找颠覆。

冯仑是万通集团的创始人和管理者。创业初期，企业发展很顺利，得到了快速发展。可是很快他就遭遇了危机，1995年到1996年，企业到了濒临破产的地步。因为当时万通的业务扩张得太快了，在全国各地都进行了大规模的投资，投资范围包括保险、证券、房地产、零售业和高技术等多个行业。步子迈得太大，问题就出现了。公司内部骨干人员被派到全国各地，冯仑负责北京、武汉以及上海的财务和经营。

因为沟通出现问题，公司的财务和经营出现了错位与冲突，导致财务危机越来越严重。为了解决危机，冯仑只能不断向银行贷款，但是这并不能解决根本问题，企业慢慢地走向了崩溃的边缘。

面对这样的情况，冯仑不再苦苦支撑，而是寻求从困境中突围的方法。他抛弃了之前疯狂扩张的策略，开始全面收缩业务。他先后出售了武汉的投资公司，陕西的证券公司和保险公司，以及三个信用社。随后，他开始向下属授权，对万通进行分割，鼓励外派的管理人员自己成立公司。最后，他收缩了所有的业务，专注于房地产业务。这一次重大改革，让万通几乎回到了创业初期一无所有的阶段，但也正是因为这样的突破与颠覆，万通才实现了对自己的救赎，摆脱了危机，得到了更好的发展。

因此，管理者要拥有出色的洞察力，也要能看清形势。在乱局之中，管理者要做到冷静思考，积极寻求新的突破口，及时割除致命脓疮，甚至不惜自我颠覆，才能真正地带领企业取得更好的发展。

❺ 外援是捷径，内强才是王道

根据《华尔街日报》的一项调查显示：95%的企业家在还没有获得成功的时候就得到了他人的帮助。对于企业来说，得到他人的帮助，可以尽快脱离险境，转危为安。事实上，很多企业管理者在危机来临时，都会寻求外援的帮助。如果有人主动提出给予帮助，管理者会特别感激。分众传媒董事会主席江南春就曾经得到他人相助，渡过了关系企业生死存亡的大危机。

2003年年初，江南春非常看好楼体广告的发展前景，于是把自己全部身家都用来投资，在多栋豪华写字楼里安装了价值2000万的液晶显示屏。然而，这一举动不仅没有为企业带来效益，还让自己陷入了困境——这些设备投资巨大，成本很高。

正在江南春愁眉不展的时候，他遇到了软银上海代表处首席代表余蔚，并且获得了第一笔风险投资金——50万美元。这一笔钱虽然不多，但是却帮助江南春摆脱了困境，也促使他在之后获得了巨大的成功。

可以说，外援是企业遭遇危机的救命稻草，能让企业顺利踏上成功的道路。正是因为这个原因，很多管理者在遇到危机的时候，第一时间会寻求外援，希望能在他人的帮助下尽快摆脱困境，缩短化解危机的时间。然而，这些管理者却忽视了一个问题：只靠外援，无法找到内部管理问题，也无法加强团队的战斗力、提升企业的竞争力，而只能解决表面问题、暂时困难，无法让企业真正变得强大、得到长远的发展。

我们需要知道，来自外部的援助是解决危机的有效方法，可以解决燃眉之急，为企业提供一些机会，但是解决不了根本问题。管理者可以利用外部资源，也可以寻求他人的帮助，但是绝不能完全依靠它，把它当作救命稻草。

一家企业遭遇了经营危机，产品滞销，业绩持续下降，面临破产的危机。这个时候，管理者如果只把希望寄托在外援上，比如向银行贷款，以解决资金不足的问题；向当地政府寻求帮助，谋求一些优惠政策；通过熟识的朋友获得一些订单。或许这可以让企业的经营情况有所好转，但是如果管理者更应该从企业本身出发，解决企业内部的问题，如产业结构是否畸形；战略步伐是否过快或过慢；人才储备是否青黄不接；现金流是否充裕，等等。找到了问题的关键，再实行技术改革、提升产品质量，或优化资源，对产品进行创新，企业才能真正摆脱危机。

所以，外援是捷径，内强才是王道。一家企业只靠"输血"是活不久的，关键是要加强自己的"造血"能力，从各方面提高自己的核心竞争力。危机到来之后，管理者要深入调研和考察，找到问题的关键，再进行一系列行之有效的改革，依靠自身的实力从根本上解决问题。

我们来看看下面这个例子。

有一些小国家，因为国内资源有限，需要对外进口粮食、淡水或必需的生活物资。这些国家因此受到大国的制约，国内的一些珍贵资源都被大国以低廉的价格买走，它们不仅在经济上依靠大国，在政治上还成为大国的附庸。

还有一些欧盟国家，政府无力扭转本国经济的颓势，把希望都寄托在欧盟的援助或一些大国的援助上。得到了援助，这些国家的经济状况有了好转，但是因为没有提升自身的实力，很快就又陷入了困境。他们一次次地申请援助，欧盟和一些大国也清楚地知道援助这些国家就像是把钱塞进无底洞，所以也只能支援最基础的资金，使得这些国家始终在贫困、混乱的边缘挣扎。

中国有句俗语"远水解不了近渴"，同样的道理，外援也解决不了企业的危机。应对危机最稳妥的措施，就是管理者始终要坚持自主发展的战略，增强企业的竞争力，提升企业的造血能力。同时，不要对外援抱有太大的幻想，避免被其他企业牵制、控制，最终失去经营的自主权和市场的主动权。

管理者还需要明白，外援虽然让企业可以尽快渡过危机，但可能也会带来一定的危险，因为它会让团队滋生懒惰、依赖的心理，让企业的抗风险能力大大削弱。一旦失去了外援，企业就可能彻底堕入深渊中，再也没有重新站起来的机会。

因此，在危机面前，管理者必须要有正确的态度，不要过度依赖外援，关键要提升自己，让企业自身变得越来越强大，提升企业对抗风险的能力，这才是最佳的管理策略。

6 危机当头，管理者理应站在最前端

管理者可以防范危机、警惕危机、缩小危机，但危机真的到来时，管理者应该怎么做呢？首先应该站在最前端，直面危机，并带领员工战胜危机。这是一位优秀管理者最应该去做的。

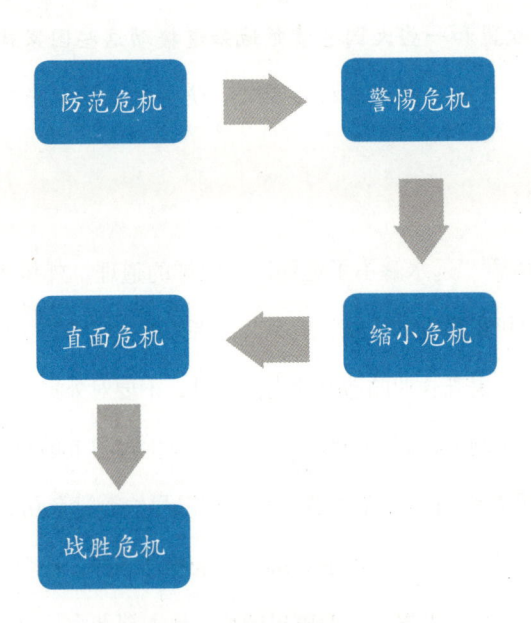

图 9-2　管理者如何应对危机

战胜危机，管理者需要依靠员工，但并不意味着要把员工推到前端，让

他们去冒险、去直面风雨。如果这样做的话，即使能战胜危机，恐怕管理者也会失去威信和影响力，进而导致团队内部怨声载道。管理者要做决策者，为团队指明方向；更要做领头者，站在风雨最猛烈的位置。这样一来，在管理者的带领下，企业才能战胜困境、突破危机。

IBM总裁郭士纳就是这样一位管理者。他有敏锐的嗅觉，总是成为第一个发现危机的人，同时也能成为第一个着手解决危机的人，他勇于承担责任，为员工树立良好的榜样。

郭士纳从小就性格倔强，有着强烈的危机意识。八岁的时候，他在自家院子里割草，突然割草机发生故障无法正常工作，这个时候，他没有放弃，而是固执地研究了好几个小时，终于修好了割草机。虽然郭士纳右手的拇指和食指被割草机割掉了，但他还是强忍剧痛坚持把草割完。

后来他通过自己的努力，一步步从普通员工晋升为中层管理者、高层管理者，最后成为美国运通旅游服务公司的总裁。在这个过程中，他始终保持危机意识，每当遇到大大小小的困难和危机时都一马当先，站在员工的前面。

担任IBM总裁后，郭士纳开始走访调研，与各级管理者及普通员工进行交流，他发现这家公司存在很多问题和隐患。无论哪一个问题爆发，都有可能让IBM遭到巨大的打击。于是，郭士纳主动站了出来，对企业进行一系列改革，虽然这遭到IBM其他管理人员的反对——他们认为IBM运转得非常好，根本没有必要进行改革。但是，郭士纳依旧坚持自己的主张，他首先召集了公司200家最大客户的信息官，向他们提出两个问题：IBM的优势有哪些？IBM的弱点有哪些？接着，结合调研结果，郭士纳果断地砍掉那些业绩一般甚至亏损的部门，使企业组织变得精炼、简化，大大地提升了团队的战斗力和企业的竞争力。

正因为郭士纳及时意识到了危机，站在了危机的最前端，大胆地进行改革、着手解决危机，所以才能使IBM摆脱了危机，不仅重新焕发了生机，还迈向了一个新的台阶。因此，作为企业的管理者，在危机面前，一定要身先士卒冲在第一位，不要怕质疑，不要怕危险，只有这样才能带给团队强大的力量，同时使企业得到蓬勃发展。

然而，不少企业管理者存在这样的误区，认为管理者是高层，是权力的载体，员工是执行人，必须冲在第一线。于是，管理者理所当然地安于现状，对员工呼来喝去，将自己置于高高在上的位置，遇到危机的时候却把员工推到第一线，还动员所有人为自己去拼搏。

其实这是非常糟糕的管理方式，这样的管理者说得再慷慨激昂，也很难激起他们的好胜心。反之，这还会挑战员工自尊的底线，当员工忍无可忍时，便会毫不犹豫地离开。

如果说，在企业稳健发展时期，管理者的特权意识是企业失败的开端，那么危机来临之时，管理者无法担负起责任，不愿站在最前端，那么最终只有一条出路——破产。

危机的到来，不仅考验企业管理者应对危机的能力，更考验其勇气、魄力以及责任心。这个时候，如果管理者能率先去站出来，身先士卒，员工看在眼里，记在心里，当然也愿意与企业同甘共苦，全心全意地帮助企业走出困境。

7 既然退无可退，那就全力一搏

在企业经营过程中，管理者可能会遇到一些小危机，只要第一时间去应对、解决，危机就能够化解。管理者也有可能遇到一些难以化解的危机，这个时候，与其犹犹豫豫、束手束脚，不如集中全部力量出手一搏。就算只能博得一线生机，也比苦撑好上许多。

也就是说，管理者在面对难以化解的危机时，最好不要再寻找退路，或者抱着"对付活着"的思想。这样的思想，只会一步步地把企业拖垮。但是如果敢于自断后路，拿出破釜沉舟的勇气与魄力，还有可能使得团队发挥出超常的能力，进而使企业走出当前的困境。

杰瑞是一家企业的董事长，在金融危机的影响下，企业受到了严重的冲击，面临着破产厄运。杰瑞不知所措，于是只能找到大学时的导师安德科，向他寻求渡过危机的方法。安德科并没有说什么，只是邀请他参加学校组织的一次比赛。

杰瑞虽然不知道导师的用意，但还是如约而至，参加了这次比赛。比赛的规则很简单，选手只要选择四条道路中的一条，以最快的速度到达目的地即可。杰瑞随便选择了一条道路，出发前在自己身上系一根绳子，以便在无路可走时顺着绳子原路返回。结果，没走多远，他就找不到出路了，只能原路返回。

接下来，他又选择了第二条路。出发前，同样在身上系了一根绳子，这一次他坚持的时间比较长，但是被一片森林挡住了去路，只能又原路返回。第三条路也是如此，有了前两次的经验，他走得顺利很多，但还是遇到一片密林。他只好进入密林，好不容易才走了出去，结果又被一条河拦住了——这条河很宽，上面根本没有桥。杰瑞认为这是一条死路，就又返回到起点。

现在就剩最后一条路了，也是杰瑞唯一的选择。这次他没有系绳子，可还是被一条大河拦住了。既然没有选择，他只能纵身跳入河中，游过了河，到达了目的地。直到这时，杰瑞才发现，其实每一条路都能到达终点，而且其他选手都早已到达了目的地。

安德科看着杰瑞说道："其实，不管选择哪条路，只要勇敢地走下去，都会走向终点。但最关键的问题是，千万不要为自己留有退路。因为退路有时候就是阻止自己前进的绊脚石。"听了这话，杰瑞也明白了安德科的用意。回到工作中后，他开始全力以赴，积极寻找渡过危机的方法。因为没有给自己留退路，因为有着坚持到底绝不后退的决心，所以他找到了新的解决方法，也让企业起死回生。

成功学大师拿破仑·希尔在《思考致富》一书中提出这样一个理念——"过桥抽板"。简单来说，就是当我们遇到危机，而且危机难以解决的时候，最好把退路切断，让自己和员工全力一搏。

当然，需要注意的是，全力一搏并非只靠勇气，如果管理者不能充分地考察自身情况、市场前景、行业动态，那就是有勇无谋。也就是说，管理者想要化解危机，必须要有胆识和气势，敢于全力一搏，敢于兵行险招。同时，管理者还要有冷静的头脑和高情商，绝对不能头脑一热而做出愚蠢的事情。

我们来看看雀巢咖啡的管理者是如何做的。

雀巢公司是全球规模最大的食品公司之一，雀巢速溶咖啡风靡全球，业绩也一路领先。但是在20世纪70年代初，雀巢公司却遭遇了一场史无前例的经营危机。当时雀巢公司业绩蒸蒸日上，规模也日益扩大，但是在全世界范围出现了这样一种舆论：雀巢食品使发展中国家母乳哺育率下降，导致婴儿死亡现象严重发生。

因为管理者没有重视这些舆论，再加上竞争对手的恶意中伤，使得事态的发展越来越严重，全世界都爆发了抵制雀巢奶粉、巧克力及其他食品的运动。这使雀巢公司声誉急剧下降，产品销量不断下滑，甚至在欧美市场销声匿迹。

面对这样大的危机，雀巢公司管理者只能重金聘请世界著名的公关专家帕根，经过细致深入的分析调查，帕根发现这次事件的根源是雀巢公司以大企业、老品牌自居，不接受公众的意见；公司的销售活动对公众保密，使得公司与消费者之间的信息交流不畅。

为此，帕根制订出一个周密详细的公关计划，把重点放在抵制雀巢产品最激烈的美国。接下来，雀巢公司虚心听取社会各方面的建议，邀请有权威的听证委员会审查雀巢公司的销售行动。随后，管理者又积极开辟发展中国家的市场，在开发市场的过程中与发展中国家建立了平等互利的伙伴关系。

同时，雀巢公司每年还拿出大笔资金从发展中国家购买原料，协助这些国家提高农产品的质量，以及举办职业培训班。通过这一系列活动，雀巢公司在发展中国家树立了良好的形象，同时还摆脱了经营危机。

雀巢的例子告诉我们：作为企业管理者，我们在危难关头要有破釜沉舟的勇气，能勇敢地去拼搏，能大胆地出奇制胜。但是使用这一策略时，管理者要慎之又慎，不到最后一刻绝不能轻易冒险。充分考虑危机产生的原因，做出适宜、周密的部署，才不会让情况变得更糟糕。

能够有拼搏的勇气和胆量，同时具备足够的智慧与心胸，管理者才能坦然面对危机，冲破困境，迎来新生。

第十章

质量管理
——基业长青，必须质量先行

质量，对企业来说至关重要，企业如果想要取得长足的发展，就必须关注产品或服务的质量。质量的竞争，是企业与企业之间的竞争，谁能够在质量上胜出，谁就能赢得消费者和市场的青睐。商场如战场，在这场没有硝烟的战斗中，能生产出更高品质的产品或提供更好服务的企业才能取得胜利。质量是企业生存的基石，也是企业发展的保障。

① 质量是企业生存的基石，也是企业发展的保障

质量是企业立足的根本，如果企业无法向顾客提供好的产品或服务，那么这样的企业将无法立足，更没有存在的必要。在企业的经营中，管理者必须要把质量放在企业发展战略的首位，加强对质量的管理，只有这样才能让企业站稳脚跟，才能打开更广阔的市场，最终取得长足的发展。如果企业不重视产品或服务的质量，最终，发展之路只能越走越窄。

我们来看看下面这个例子。

王文华经营了一家企业，主要生产各类家用电器，这家企业在当地占有较高的市场份额。但是，王文华并不满足于目前所取得的成绩，他把眼光瞄向了销量更大的南方市场，希望通过打开南方市场，最终实现产品畅销全国的梦想。但是因为生产的家用电器知名度并不高，迟迟没有打开南方市场。

这时，有一位南方客户找到王文华，希望王文华的企业能够为他生产某种型号的台灯，双方草签了一份合同，合同规定两个月后王文华向客户提供5000台台灯，王文华表示生产水平完全可以达到客户的要求，肯定能按期保质保量供货。

企业上下对这个项目都很重视，在生产开始之前王文华召开了全体员工动员会，让员工了解了这个项目的重要性，并且一再强调在质量上绝对

不能放松，还要求生产车间必须严格把关，不能出现残次品。为了不辱使命，车间主任每天亲自督促员工的生产，并且对生产流程严格把关。

最终，企业按照合同约定如期向客户供货。客户在收到货之后对产品的质量非常认可。经此一役，这家企业终于打开了南方市场，王文华实现了自己最初的目标，离自己最终的梦想又近了一步。

所有成功的企业都有一个共同点，那就是非常重视对质量的管理。企业想要良性发展，就必须要重视质量，质量是企业的生命，如果失去了市场及消费者对企业的信任，也就意味着企业将走向下坡路，并且最终走向失败。

有的企业因为重视质量管理，从而取得了市场的认可，获得了非常好的回报；也有很多企业在取得了一定的成绩后放松了对质量的管理，从而造成了巨大的损失。

李强是一家服装生产厂的老板，主要生产各类时尚女装，为全国多家服装店及电商供货。

因为临近冬季大促销，工厂接到了大量订单，要求生产多种款式的女装。因为订单暴增，完全超出了工厂的生产能力，需要所有员工从现在开始加班加点才能完成订单。而最稳妥的方法应该是根据工厂的生产能力生产适量的订单，只有这样才能保证供货时间及服装的质量。如果为了当前的利益，急匆匆让员工加班加点进行生产，时间也许可以保证，但是质量方面也许无法得到客户的认可。在这么大强度的压力之下，极有可能出现两个问题。第一，员工由于长时间的工作得不到休息，在生产上会产生懈怠，进而无法保障产品质量。第二，有的员工会因为工作强度大而心生不满，并把这种不满带到工作中去，不愿意专心工作，而且这种负面情绪还会影响到其他员工，进而影响整体的生产进程。所以，在这种情况下，只能得到两个结果：要么延期供货，要么质量无法得到保证。

其实，李强已经意识到了因为订单暴增可能会产生的问题，但是为了获得更多的经济效益而忽视了实际情况，他认为可以在生产过程中严格要求员工保证交货时间和产品质量。在这种侥幸心理下，工厂投入了生产。

果然，时间紧迫，为了完成这些订单，李强不断催促各生产车间加快速度，完全顾不上对质量的把控。

员工在身心俱疲的情况下生产出来的服装最终按时交到了客户手中。

交完货后，李强松了一口气，工厂终于顺利地完成了任务。但是没想到，年终大促结束后不到一个月，退货单就像雪花一样飞过来。用户在网上看到服装的图片后都很感兴趣，当即购买，但是拿到手之后才现在质量很差，完全与预期不符。

电商原本计划通过这次促销提高营业额，但是没有达到原来的目的，反而因为产品质量差而被客户投诉，并在网站上给予差评，对他们造成了非常差的影响。

电商对工厂非常不满，不但将原本的货物全部退回，而且向工厂进行索赔。

李强也后悔不已，不但没有获得收益，反而要赔偿货款，而且由于这次失败的合作，他最终失去了这些客户，将工厂带入了绝境之中。

在实际生活中，因为质量管理不严格而失去客户的例子比比皆是。如今的市场竞争非常激烈，客户有很多选择，企业想要留住客户往往要花费很大的力气，也会因为一个小疏忽就失去客户，失去市场。所以，对于企业来说，必须时时刻刻关注质量管理、重视质量管理，只有这样，企业才能屹立不倒。

❷ 质量管理必须关注生产的每个环节

针对质量管理这项工作，企业可以从以下三方面入手。

第一，全体员工参与的管理。产品质量的优劣，不仅仅是质量管理人员的职责，还需要全体员工共同来完成。因为质量不能只依靠检验的这个环节来完成，企业经营中的任何一个环节都会对质量造成影响，所以质量管理应该是企业全体员工共同参与的管理。

第二，全过程的管理。一款产品，从客户提出需求、产品制造完成，到最终送入客户手中，会经历很多环节，比如市场调研、客户需求评审、产品设计、工艺设计、生产制造、产品检验、发货和售后服务等环节。不仅仅是生产过程有可能影响产品的质量，其他各个环节也有可能影响产品的质量，所以产品质量的控制，不应该仅仅局限于生产过程中的质量控制，而应该是全过程的质量控制。

第三，全方位的管理。质量管理涉及全体人员和全部流程。人员按照职责可以分为高层、中层和基层，过程按照职能可以分为战略过程、运营过程和支持过程，建立和健全全方位的质量管理体系可以保证全体员工和全部流程能够有效地纳入质量管理的过程中来，并通过最经济的质量成本来充分满足客户要求。

质量管理的三方面：全体员工参与的管理、全过程的管理、全方位的管理

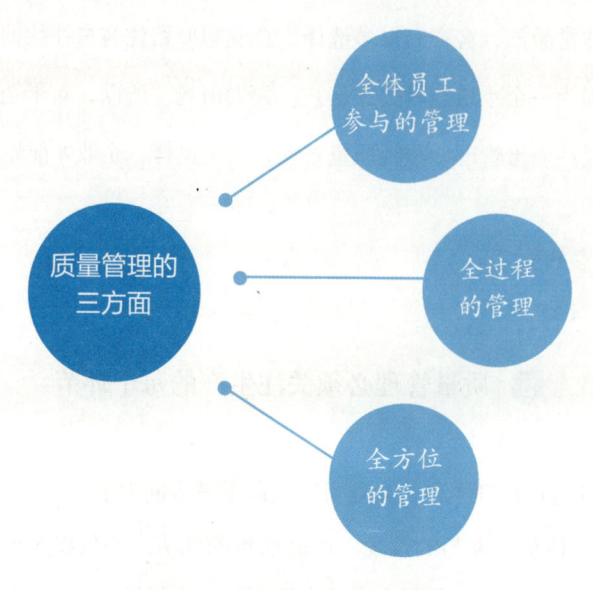

图 10-1 质量管理的三方面

我们来看看下面这个例子。

王大明经营着一家物流公司，公司规模不大，但是几年下来也积累了不少老客户。有一家出口公司和他们形成了稳定的合作关系，如果有货物需要运输，这家出口公司的客户总是第一个先联系他们。

有一次，客户有一批设备需要发往国外，王大明全程跟踪每一个环节，并没有因为是老客户而放松关注。包装、报关等工作都进行得很顺利，货物也显示顺利到达了国外客户手中。这个流程应该算圆满完成了。但是，没过多久，客户反映说这批货中有一个小部件被磕坏了，如果没有这个小部件，设备将无法使用，这会影响国外客户后续的生产，也会对物流公司造成影响，处理不好，物流公司很有可能会失去这个老客户。

王大明听到反馈之后，立即给出了解决方案，他们将新的小部件通过国际快递用最快的速度送到了国外，并没有对国外客户的生产造成影响。王大明还主动提出在与老客户以后的合作中价格给予优惠。因为没有造成

损失，老客户对王大明这次的弥补方案也很满意，所以后续还是会选择继续与他合作。

物流公司的整个运输过程以及售后服务都给客户留下了好的印象，在出现问题之后，及时地解决问题，最终通过高质量的服务留下了客户。

质量管理不仅仅局限在生产流程中，从了解客户需求到售后服务的完成都包括在内。当今市场竞争激烈，企业必须关注生产过程中的每一个环节，只有这样才能在市场中占有一席之地。

❸ 质量管理的宣传、认识要到位

在当今这个时代，很多企业都非常重视产品或服务的质量，管理者也常常向员工强调质量的重要性。但是，对质量管理的重视很多时候往往只停留在意识层面，而没有付诸行动。如果管理者问起一名员工企业的质量管理体系是怎样的，或者企业都对质量监管采取了哪些措施，如果平时员工并没有接受过这方面的培训，相信他是无法回答这些问题的。所以，对质量管理的重视绝对不能仅仅停留在意识当中，而是应该付诸行动，用行动将质量管理这一重要工作真正落地。

那么，企业应该如何加强质量管理呢？这主要体现在两方面，即加大对员工的宣传，并使员工充分认识到质量管理的重要性。

一家企业如果从管理者到员工，都缺乏质量管理方面的知识，管理者不重视，那么员工自然无法执行到位，这样发展下去，最终一定会造成重大的质量问题。

张小兵外出工作多年，因为想为家乡的发展贡献出一份力量，所以带着自己的积蓄回到了家乡。张小兵的家乡盛产水果，他在一番思索之后计划开办一家罐头生产厂。

招聘员工、采购原材料都很顺利。工厂开办不久张小兵就接到了第一份订单，对这第一份订单他很重视，亲自盯着每一道工序，想靠口碑打响第一炮。张小兵的愿望是美好的，然而，由于招聘的工人年龄大小不一，文化水平有高有低，而且因为着急赶工所以没有进行过专业培训。这样造成的结果就是在生产过程中出现了很多次品。

这样下去，别说打出名声，就连按时交货可能都办不到。张小兵痛定思痛，及时采取了措施。他聘请了专业的培训讲师对员工进行了为期一周的质量管理培训，并且还及时公布了奖惩措施。经过培训员工都充分认识到了质量的重要性，以及在生产工作中应该如何操作。重新开工后，残次品的比例果然大大降低。

员工终于完成了这批产品，并且按时交到了客户手中。虽然订单完成了，但是后续的工作并没有结束。作为管理者，张小兵也意识到了自己的不足，他将质量管理作为工厂发展的重中之重，并且完善了质量管理中的各项规章制度和奖惩措施。不仅如此，张小兵还定期对员工进行培训。经过一段时间的培训后，员工对质量管理重要性的意识大大提高，在此后的生产中，很少再出现质量问题。

产品进入市场后受到了用户的欢迎，张小兵也因此赢得了良好的口碑，得到了更多的订单。工厂慢慢地发展了起来，逐渐打开了当地市场，为其以后的发展开了一个好头。

质量，是企业谋求长远发展的基石，企业的质量管理体系要做到有效运行。所以，管理者在重视质量管理的同时，也必须要花时间和精力加强对质量管理体系的宣传、培训。如果只有管理层重视质量问题，而没有让员工认识到质量的重要性，那么，员工对企业质量管理体系的认知将会很薄弱，最终会使质量管理流于形式，不能真正做到对质量的管理和把控。而质量问题一旦爆发，往往会给企业带来巨大的损失。所以，一定要将质量管理体系的培训贯穿到平时的工作中，要做到宣传到位，认识到位，让员工充分认识到质量管理对企业的重要性。

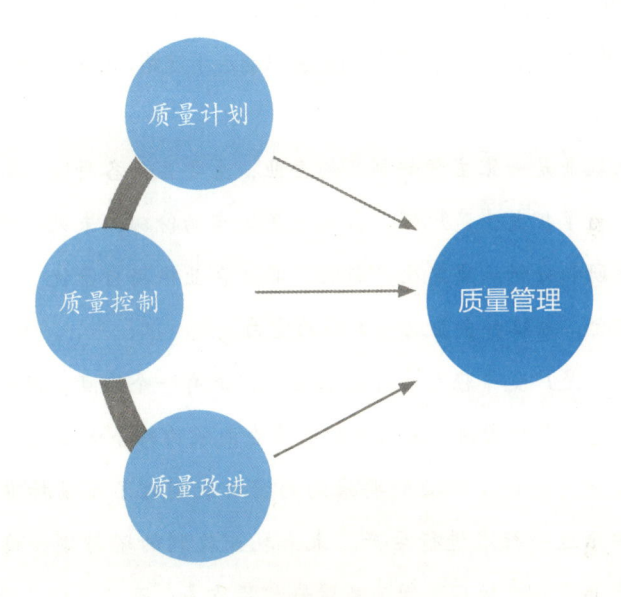

图 10-2 质量管理体系的构成

④ 质量管理必须与质量标准的制订相结合

20世纪70年代，著名的统计学与工程管理专家田口玄一提出"质量是设计出来的"这一理念。2004年，田口玄一在《田口质量工程手册》（*Taguchi's Quality Engineering Handbook*）一书中提道："过去的产品设计思维是先设计好产品，然后制造出原型，最后再测试产品。如果结果可以接受，再把设计固定下来。"

根据田口玄一的理论，质量标准先根据产品的要求被制订出来，再依据这一标准进行生产，最后再根据这一标准对产品进行检验。

质量管理必须与质量标准相结合，没有质量标准，就无法衡量产品是否合格。企业制造出不符合质量要求的产品，就不会得到市场的认可，也无法为企业带来收益。长此以往，企业的发展只能走下坡路，并最终走向失败。

未来乳业是一家主营奶制品的企业，主要生产各种液体乳类、奶粉及乳制品。为了扩大生产规模，占领更多的市场份额，未来乳业的管理者经过市场调研和分析，决定生产新的产品。企业根据自身优势，计划生产奶油派等零食，来填补企业这一方面的空白。

奶油派是广受年轻人欢迎的零食，但是有一个缺点，那就是保质期较短，因此需要进行密封包装，这就需要企业采购符合标准的密封袋。

经过研究讨论，企业对要采购的密封袋制订了质量标准，并且要求供应商按照这个标准进行生产。未来乳业收到的密封袋合格率几乎达到100%。产品投入市场后，因为质量好、品质高，而且符合消费者的口味，一经推出就受到了欢迎。未来乳业也因为这款产品开始将企业的重心转向零食市场。

未来乳业没有因为受到欢迎就放松对产品质量的监控，而是随着市场形势和消费者的口味变化而不断更新质量标准，让生产、检验有标准可依，始终将质量放在第一位。

在现实生活中，很多企业从最初的风光无限到最后的悄然落幕，都是因为放松了对质量的管理。市场不断变化，消费者的需求在不断改变，生产技术也在不断更新，如果企业还紧抓着落后的质量标准不放，那么就会跟不上市场和消费者的步伐，最终被淘汰。

汽车工业发展到今天已经有一百多年，随着汽车设计理念及制造技术的不断更新换代，行业标准也在不断变化。当旧的质量标准不再适用于当前的要求时，就必须做出改变。

1972年，大众汽车公司发现车辆的雨刷臂存在安全隐患，两个雨刷臂会因为螺丝松动而无法正常工作，如果遇到暴雨天气，雨刷卡顿，可能会造成极大的危险。

大众汽车公司将存在安全隐患的汽车全部召回，涉及的汽车超过三百多万辆。随后，大众汽车公司也及时对相关的质量标准进行了更新。生产及安装严格按照新的质量标准来执行，杜绝了这一安全隐患。

对质量的要求和管理已经成为很多企业战略发展的重要组成部分，并且形成了重要的质量管理文化，这也是企业立足的根本。在形成自己的质量管理文化的同时，我们也在积极引进各种先进的质量管理方法，并且取得了卓越的成效。

十几年前，欧洲六西格玛俱乐部德国协会的三位资深研发工程师，同时也是欧洲最早的一批六西格玛黑带大师和六西格玛设计理论（DFSS）的实践者迪特尔·塞姆库斯、亨利·温克勒以及卡尔海因茨·勒奇聚在一起，在六西格玛理论原有的方法论基础上，加入了更多机械式建模和优化方法，形成了独具德国特色的六西格玛设计路径——DICOV理论。

DICOV理论包括五个步骤，即定义项目（Define）、识别需求（Identify）、描述特性（Characterize）、优化设计（Optimize）以及确认设计（Validate）。

```
                        定义项目
                       （Define）

                           01

        确认设计      05              02      识别需求
       （Validate）        DICOV 理论        （Identify）

                       04        03

            优化设计                   描述特性
          （Optimize）              （Characterize）
```

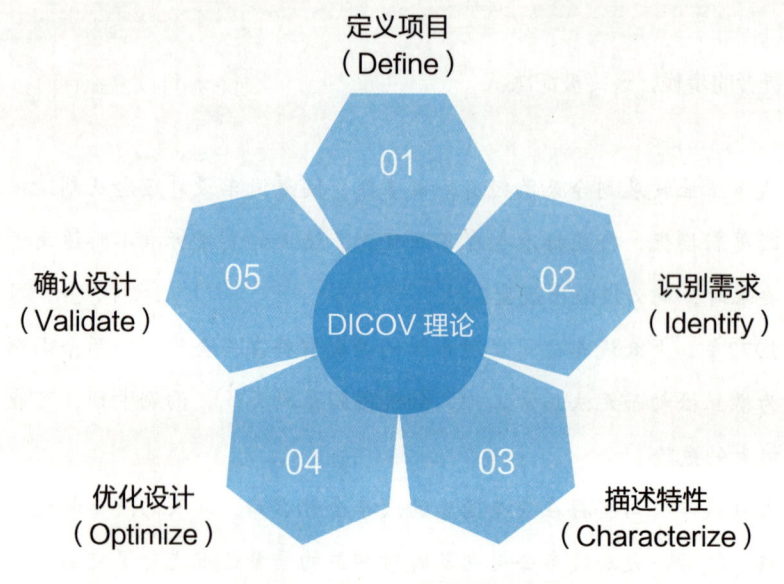

图 10-3　DICOV 理论的五个步骤

在实践中，企业可以根据DICOV理论来制订和完善质量标准。具体可以分为五步，即确认产品的类别、确认质量标准、制订质量标准、优化质量标准，最后确认最终的质量标准。

企业要想要做好质量管理工作，还需要不断学习先进的质量管理理论，调整和优化不再适用的质量管理体系，真正设计和制造出高质量的产品，帮助企业在激烈的市场竞争中立于不败之地。

5 在质量管理中，管理者要有远见

质量管理，从总体上来说，是指为了实现质量目标进行的管理性质的活动。所以说，质量管理的每一个环节，都需要管理者的参与，并且在这个过程中，管理者肩负着重要的职责。

管理者必须要有远见，具备洞察未来的能力，能够决定企业将来的发展方向，能够帮助企业制订发展战略。如果缺乏远见，那么，管理者非常有可能将质量管理这一常规工作排除在企业的发展战略之外，认为对于企业的未来来说，这是不重要的。这样的认知是错误的，质量才是企业的立足之本。将质量排除在外，只能毁掉企业的基石。

有一位南方老板注意到川菜馆的生意在当地特别火爆，尤其是水煮鱼和酸菜鱼特别受欢迎。经过观察和调研，这位老板决定在人流量比较大的位置开一家特色川菜馆，主营水煮鱼和酸菜鱼。随后这位老板投入了几十万元，经过选址、装修后，川菜馆顺利开业。

因为川菜馆环境好、位置佳、菜品新鲜可口，刚开业就受到了欢迎。开业时，老板注重菜品的质量，也认真听取顾客的意见，不断对菜品进行改良，经过几年的摸索和经营，赢得了一批固定食客的喜欢，川菜馆的营业额一直都在稳步增长。

照这样的势头发展下去，川菜馆肯定能吸引更多食客，获得可观的利润。这时，老板有了扩大规模的想法，希望能将川菜馆打造成连锁品牌，做大做强，所以决定另选址开一家分店。经过选址、装修后，新店也很快开业了。但是，由于新店的地理位置与老店相比，人流量较少，所以生意并不像预期的那么火爆。为了不影响营业额，老板决定压缩成本，在缩减了人员成本后，老板又把主意打到了原材料上。他认为选用稍微差一些的原材料并不影响菜品的质量，反而能够减少成本，保持原有的营业额。

在初期，这样的策略对两家门店的经营并没有产生太大的影响，虽然有一部分固定客户选择不再光顾，但是因为人数较少并没有引起老板的重视。没想到，仅仅几个月之后，因为菜品质量问题，很多老顾客纷纷选择离开，再加上新顾客对菜品的质量也不满意，来过一次之后就不再光顾。

两家川菜馆的生意一落千丈，没过几个月，就因为生意严重萎缩关门歇业了。

因为对质量问题不重视，所以造成企业最终走向失败。如果管理者缺乏远见，就容易为了追求业绩而将本来企业发展中最重要的因素排在其他因素之后，甚至将其完全排除。企业想要获得成功，管理者就必须要转变思想，将质量管理作为重中之重，这也是企业需要长期并且不间断执行的发展战略。